5. Heimatschrift für das östliche Unterallgäu

Ostettringen
Piesternhof

von Alois Epple

Bibliografische Information der Deutschen Nationalbibliothek: Die Deutsche Nationalbibliothek verzeichnet diese Publikation in der Deutschen Nationalbibliografie; detaillierte bibliografische Daten sind im Internet über dnb.dnb.de abrufbar.

© 2022 Alois Epple

Herstellung und Verlag: BoD – Books on Demand,

Norderstedt

ISBN: 9783755774471

Vorwort

Es geht hier nicht darum, eine detaillierte Geschichte von Ostettringen und dem Piesternhof zu schreiben. Hierzu wäre weitere Forschungsarbeit notwendig gewesen, aber schon „Corona" erschwert den Zugang zu Archiven. Die hier aufgeschriebene, allgemeine Geschichte von Ostettringen stützt sich auf die Dissertation von Rudolf Vogel und auf das Landkreisbuch „Unterallgäu". Ergänzt wird diese durch Archivmaterial aus einem Privatarchiv in Amberg.

Voriges Jahr besuchte mich ein Nachkomme des früheren Gutsverwalters Waldraff und gaben mir einige Bilder von Ostettringen und der Familie Waldraff.

In letzter Zeit fragte mich ein Freund, ob es wichtig ist, solche Hefte zu publizieren, da sie von fast niemand gelesen werden. Anscheinend denkt auch die Heimatpflege des Unterallgäus so. Ich bin anderer Meinung. Lokalgeschichtliche Themen sind wohl nur von geringem Interesse. Andererseits bin ich überzeugt, dass diese Hefte der Wissenschaft, wenn auch in sehr geringem Umfang, zuarbeiten. Weiter wird hier aus Quellen gearbeitet und diese Quellen bleiben sonst in Archiven unentdeckt oder niemand kennt dieses Material, wenn es sich in Privatbesitz befindet.

Dieses Büchlein soll keine Konkurrenz zu einer „Ettringer Geschichte" sein. Es ging mir ausschließlich darum, dass Material aus Privatbesitz veröffentlicht wird, um die „Ettringer Geschichte" weiter zu ergänzen.

Der Verfasser

Hinweis: transkripierte Originaltexte in Privatbesitz sind kursiv gedruckt.

Ostettringen, Ölgemälde, Ende 19. jahrhundert, Privatbesitz

Geschichte des Gutes[1]

Die erste Erwähnung von zwei Höfen in „Ostern Oetringen" stammt von 1278.

Schwaben war Welfenland. Ein Dienstmanne der Welfen war wohl der Ronsberger Volkmar. Dieser hatte um 1270 in Ettringen Güter und vielleicht auch einen Hof in Ostettringen. Zugleich war er Vogt des Hl.-Geist-Spitals in Kaufbeuren. Vogt hieß damals, dass er die weltlichen Interessen des Spitals vertreten und vor allem vor Gericht verfechten musste. Dieser schenkte wohl einen Hof in Ostettringen dem Kaufbeurer Spital. Um 1522 kam dieser Hof dann an das Kloster St. Ulrich und Afra nach Augsburg.

Den zweiten Hof in Ostettringen verkaufte 1549 das Augsburger Domkapitel an Hans von Rechberg. Dieser verkaufte ihn bereits zwei Monate später an seinen Schwager Bartholomäus Welser. Vielleicht konnte Welser vom Augsburger Ulrichskloster auch den ersten Hof erwerben. Welsers Sohn Christoph schenkte 1589 wohl beide Höfe von Ostettringen der St. Jakobs Pfründe in Augsburg. Diese verkaufte Ostettringen an den Markgrafen Karl von Burgau. Wahrscheinlich 1618 kam Ostettringen an den Landsberger Bürgermeister Johann Erhart und bald darauf an Hans Thomas von Triembach. In der Zwischenzeit waren aus zwei Höfen vier geworden, allerdings wurden nur drei Höfe bewirtschaftet. Schließlich fiel Ostettringen, ähnlich wie Amberg, an das Kurhaus Bayern. Kurfürst Ferdinand Maria schenkte Ostettringen 1674 seinem Bruder Maximilian Philipp. Dieser ließ in Ostettringen ein Bräuhaus bauen, welches Anfang des 18. Jahrhunderts abbrannte und erst 1778 wieder errichtet wurde.

---

[1] Rudolf Vogel: Historischer Atlas von Bayern, Mindelheim, München 1970, S. 61 - 62

Ostettringen um 1880

Nach dem Tod von Maximilian Philipps Witwe Mauritia Febronia 1706 – ihre Ehe blieb kinderlos - übernahm die Hofkammer in München die Bewirtschaftung von Ostettringen. Dann ging das Gut von 1767 bis 1782 an den kurfürstliche Truchseß Franz Xaver von Markreiter, dann an Graf Josef Baumgarten-Frauenstein über. 1806 versuchte der Staat das Gut wieder zurück zu erhalten, scheiterte aber am Widerstand der Gräfing Josefa Baumgarten. Nun gibt es eine Lücke. 1826 war jedenfalls der Prozeß „Staat gegen Baumgarten" noch nicht entschieden. Anscheinend gewannen die Baumgarten diesen Prozess. 1835 verkaufte jedenfalls Franz Graf von P[B]aumgarten Ostettringen an Carl Graf von Geldern.

Auszug aus dem Hypotheken-Buche der Gemeinde Ettringen und Ostettringen für den Grafen C. Th. v. Geldern[2], nach 1838, wohl 1839

<u>Das Landgut Ostettringen</u>
dazu gehören

<u>An Gebäuden</u>
Das Herrschafts= und Verwaltungs=Wohngebäude
der Sommerkeller
das Bräuhaus
Die vorhandenen Ökonomengebäude mit Hofraum zu 1 Tagw. 82 Dez. und 2 Tagw. 2 Dez[imal]. äußerem Hofraum.

<u>An Gärten</u>
1 Tagw. 13 Dez.[imal] Gemüsegarten
1 Tagw. 9 Dez. Hopfengarten

<u>An Äckern und Wiesen</u>
318 Tgw. 19 Dez. Äcker
392 Tgw. 90 Dez. Wiesen

<u>An Waldungen</u>
99 Tgw. 79 Dez. Gernteiche und Ochsenau

<u>An Weidenschaften</u>
35 Tagw. 65 Dez.

<u>Walzende eigene Grundstücke</u>
Wiese: 3 Tagw. 88 Dez. Moos
Waldung: 3 Tagw. 35 Dez. Gernholztheil
Oedung: -, 57 Dez. Viehweidplon

---

[2] Dieser „Auszug" wurde wohl 1838/39, erstellt im Zusammenhang mit dem Verkauf von Ostettringen von Graf von Geldern an Max Josph Schenkenberg.

Frohnrecht
Von 8 Bauern und 25 Söldner aus dem Dorfe Ettringen

Fischrecht
Im Mühlkanal

An Gewerbegerechtigkeiten
Auf diesem Gute haften die reale Brauerey „Bierschank" und „Brantwein-Brennerey" Gerechtigkeit, auch befindet sich dabei eine eigene Mahl=Walzmühle dann sämtl. Zugehörungen des Gutes. Werth nach gerichtl. Schätzung vom 4. Mai 1836: 159.267 fl [Gulden] Einhundertfünfzig-neuntausendzweihundertSechzigsieben Gulden Die Gebäude sind der Brandassekuranz einverleibt mit 25.100 fl darauf haftet,zum k.[königlichen] Rentamte Türkheim 429 fl 6 xr jährlich Bodenzins

Besitzer, Besitztitel etc,.
1/I den 12. Dezember 1836
Geldern, Carl Graf von, K.[königlicher] Kämmerer zu München, durch Kauf von dem Franz Grafen v. Paumgarten, Oberst u. Flügeladjutant Sr. Majestaet der Königs, laut Kaufs-Vertrag vom 19. Novmr [November] 1835
2./II den 19. Oktober 1839
Schenkenberg Max Joseph von, genannt Schenkelberg, Gutsbesitzer von Goldenberg, Kanton Zürich, Schenkenberg im Kanton Aarau, - und Fabrikbesitzer in Rapperswil, Kanton St. Gallen, erkauft laut Kaufbrief vom 11/12 August u. 19. Oktober 1839, von Karl Theodor Graf von Geldern

Zu kaufen
sind nah von den Piestern
Schlechten

Artmeestetter	*3 Tagwerk*
Ortlieb	*15 Tagwerk*

Spettel	7	70 Dezal.
Zink		10
Gabriel	7	70
Scheffel	13	
Lutzenberger	2	
Spettel		8
Klaunzler	4	50
Mühlhanser		15
Pfeifer	4	
Haerle Bauer		9
	28	90
Haas von Genach	5	
Hafner von _Ettringen_		6

81 Tagwerk

Gut Ostettringen, Postkartenausschnitt, um 1900

1839 erwarb das Gut Ostettringen Max Joseph von Schenkenberg von Karl Theodor von Geldern.

Kaufvertrag
zwischen dem kgl. Kämmerer Herrn Grafen Carl Theodor v.
Geldern
und dem Guts= und Fabrikenbesitzer H. Max Joseph
Schenkenberg, genannt Schenkelberg

abgeschlossen am 11/12 August 1839

Herr Graf Carl Th. von Geldern verkauft an Herrn M. J. v.
Schenkenberg seine, im kgl. Landg. [königliches Landgericht]
Türkheim gelegenen Besitzungen welche bestehen:

I a) *aus den zum Landgute Ostettringen gehörigen gesamten*
Gebäuden und circa 865 Tagw. 79 Dez.[Dezimal]
Gebäuderaum, Gärten, Ackerland, Strasen, Waldungen,
Torfstichen und Oedungen,

b) *aus dem ebenfalls daselbst befindlichen Bräuhause und*
Weiß= und Braunbier, dann Schankgerechtigkeit im
weißen und braunen Bier,

c) *Brandweinbrennung*

d) *Mahl- und Walzmühle zu eigenem Bedarf*

e) *Schmidte, Faßbindung, beide ebenfalls zum eigenen Bedarf*

f) *Fischrecht im Mühlkanal und dem Rechte, aus der Wertach*
den Wasserbedarf für das Gut und dessen Gewerbe
einzuleiten.

g) *den Dominicalrenten, bestehend aus Frohnden, welche acht*
Bauern aus dem benachbarten Dorfe Ettringen und 25
Söldner von ebendaselbst alljährlich zu leisten haben,
und darin bestehen, daß jeder der 8 Bauern 4 halbe
Tage alljährlich auf dem Gute zu ackern, und jeder der
25 Söldner zwey ganze Tage unter der Sichel gegen den

	herkömmlichen Recompenz auf dem Gute zu schneiden hat,
II	aus dem am 23ten September 1836 von Anton Zech
	aus der Wirtschaft zu Siebnach erkauften
	zwey Waldparzellen laut Katasterauszug 37
	Tagwerk 82 Dez. haltend,
III	der im Markte Türkheim gelegenen, dem Herrn
	Grafen Carl Theodor v. Geldern bisher zugehörigen
	realen Tafernen Wirtschaft zur Krone mit sämmt=
	lichen circa 40 Tagwerk haltenden, zu diesem Wirth=
	schaftsanwesen gehörigen Feld und Wiesgrün=
	den, und den auf diesem Anwesen befindlichen Rechten
	und Befugnissen.

Sämtliche Verkaufs Objecte gehen in der Eigenschaft an Herrn v.
Schenkenberg über welcher Herr Graf von Geldern sie bisher
besessen hat und von heute an gehen auch alle Lasten jeder Art, wie
selbe auf den Gebäuden, dem verkauften Gesammt-Grund-
Eigenthum, den Gewerben und Frohnden ruhen, selbe nirgens
Staats wie Gemeindelasten seyn, oder aus sonstigen, wie immer
Namen habenden Paßivservituten bestehen, auf den Herrn Käufer
über. Der Kaufschilling für Eingangs benannte Kauf und Verkaufs
Objecte ist auf **107.400 fl** seyn Einmaltausent und sieben Tauschen,
vierhundert (Rest fehlt)

Verzeichniß derjenigen Gegenstände, welche nach Verhandlung vom
23ten Februar 1848 aus dem ursprünglichen Inventar ausgeschieden
und als gesetzliche Pertierungen des Guts erklärt worden sind.

Bezeichnung des Gegenstandes	Schätzungen	
	f	xr
drei Fenster		48
zwei Mühlscheiben	1	30
ein großer messingner		
Hahnen	2	42

drei große Rad-Aufzwickzangen		30
ein Schneidform und ein Ambos	79	
ein Schraubstock	32	
ein Branntwein und Brenner Aparat	50	
eine Habertruhe	1	30
ein Schleifkorb und Schleifstein ohne Werber		30
ein steinerner Grund	10	
ein Backtrog	3	
eine Mehltruhe	4	
ein kupferner Kessel	8	
ein Drehstuhl	6	
eine BranntweinbrennereiMaschine	50	
eine Bräupfanne	1500	
ein meßingner ?	66	
ein Maischkasten	30	
ein kupferner Grund	80	
eine Bierkühle	150	
eine kleine Kühle	30	
ein Gährgeschirr	30	
ein Wandtäschchen	1	
einen furnierschneid Maschine	30	
einen Schmiedblasebalg	25	
zwei Leitern	1	
ein blechener Kuchofen		10
ein fichtenes Küchengeschirr=		
gestell		36
ein Kleiderschrank	8	
drei lange Geländerbenke	6	
einen Schüßel=Rahmen		30

Zur Bestätigung des richtigen Vertrages unterzeichnen
Ettringen den 11 Dezember 1855, Sixtus Weh, August Aldinger
Josef Bersch - Königliches Landgerichts Commißion, Behringer
Assessor

Herr Max Joseph v. Schenkenberg macht die Anzeige, daß er das Gut Ost=Ettringen durch Kauf nebst den in obiger Police bezeichneten Gegenständen an sich gebracht habe und wünscht daher, daß die Versicherung auf seinen Namen und für seine Rechnung von nun an fortbestehe, ebenso, wie solche im Anhange vom 7 Februar 1837 festgestellt wurde, wovon hiemit Vormerkung genommen wird.

München 16 Novbr. 1839
pp Al v Eichthal
Carl v Eichthal

Ostettringen, Ausschnitt aus einer Postkarte, um 1910

Auszug aus dem Kaufvertrag zwischen Carl Theodor Graf v Geldern, Königl. Kämmerer und M. Jos. v Schenkenberg, genannt Schenkelberg, Gutsbesitzer von Goldenberg im Canton Zürich, Schenkenberg im Canton Arau und Fabriken-Besitzer in Rapperswil Canton St. Gallen[3]

.... Gulden Reichswährung vereinbart, und wird auch nachstehende unter beiden Herrn Contrahenten bestimmte Art und Weise berichtiget
a übernimmt Herr Käufer die auf dem Landgute eingetragene Hypothekpost von 48.625 sage vierzig acht Tausend sechshundert zwanzig fünf Gulden in Reichswährung zu Gunsten der bayerischen Hypothek und Wechselbank, annuitäten weise errichtet, und entbindet durch diese Übernahme den Herrn Verkäufer jeder Haftung für die Unaufkündbarkeit dieses Darlehens.
b bezahlte Herr Käufer in baar f. 17.000 sage SiebzehnTausend Gulden Reichswährung der 24 Füße.
c berichtigt Herr Käufer mit Ende dieses Monats in baar oder in Papieren den Herrn Verkäufer conveniren, f. 8.500 sage achtTausend fünfhundert Gulden Reichsw[ährung] und der noch restirende Kaufschilling erst von fl 33.274 sage: Dreißig drey Tausend, zweyhundert siebenzig fünf Gulden R.W. [Reichswährung] bleibt als zweyte Hypothek a 4 pro Cent per anno verzinslich, und gegen beiden Theilen jederzeit freystehender halbjähriger Aufkündigung auf sämmtlich erkauften Objecten versichert liegen und wird zugleich in dem für das Gut legende Landgericht Türkheim in Schwaben errichteten Hypotheken Folio eingetragen.
Die sämmtlichen Vorräthe aller Art , in den Kellern auf den Feuchtböden und in den Scheunen, ferners: das vorhandene, erzeugte Bier, Branntwein das sämmtlich vorrätige Holz – ferner der ganze vorfindliche Viehstand mit Ausnahme der 4 älteren und 2 jungen herrschaftlichen Pferde ferners: die ganze heurige Erndte im

---

[3] Bei diesem Vertrag fehlt der Beginn

Getreide, Heus u. Hülsenfrüchte ; weiters die sämmtliche Fahrhabe der Oeconomie der Bierbrauerey und aller übrigen Gewerbe worunter auch sowohl die technische Bräueinrichtungen Fässer und Geschirr wie das Oeconomie Mobiliar, worunter auch die Oeconomie Dienstboten Betten und Bettwasch gehören nebst völliger Kucheneinrichtung gemeint ist, - endlich die an der Krone zu Türkheim[4] sich befindlichen Wirthseinrichtung und Mobiliarschaft wieselbe sich im Augenblicke der Uebernahme befindet; - wurde von dem Herrn Käufer übernommen, und darüber solche Verständigung getroffen, daß Herr Verkäufer sich aller und jeder Ansprüche bezüglich einer weitern Vergütung für dasselbe sich begiebt.

Die Uebergabe vorbeschriebener Besitzung und der Zugehörungen aller Art erfolgt den 15. August [1839] und es gehen von diesem Tag an Nutzen und Lasten an den Herrn Käufer über.

Jeder der Herrn Contrahenten zahlt die Kosten seines Kaufbriefes.

Herr Graf von Geldern behelt sich bis zur gänzlichen Tilgung das ihm noch zukommende Kaufschillingsrechtes a f 41,775 sage Viezig eintausend siebenhundert siebenzig und fünf gulden ReichsWährugn oder 24 Schuß des volle Eigenthumsecht auch sämmtliche Kauf= und VerkaufsObjecte ausdrücklich bevor.

Schließlich erklärt Herr Käufer, daß sie Herrn Verkäufer sämmtliche auf den Gesammtkauf und Verkauf Complex bezüglichen amtlichen Cataster Auszügen Urkunden und Papiere zur Einsicht und Verfügung gestellt habe und ihn diese Ausweise über Bestbefugnuß und Rechtsverhältnisse des Gesammt Kauf= und Verkauf Objektes vollkommen genügen

Zur Bestättigung unterzeichnen

L.S. Carl Theodor Graf v Geldern

Königl. Kämmerer

L.S. MJos. v Schenkenberg

genannt Schenkelberg

---

[4] Das Gasthaus zur Krone in Türkheim gehörte damit der Brauerei Ostettringen, gepachtet hatte sie ein Anton Büchele.

*Gutsbesitzer von Goldenberg
im Canton Zürich, Schenkenberg
im Canton Arau und Fabriken=
Besitzer in Rapperswil Canton
St. Gallen*

1841 und 1842 zerstörten Großfeuer weite Teile des Gutes. Deshalb gewährte das Rentamt Türkheim Steuernachlass:

Türkheim den 19ten Juni 1843

*Vom Königlichen Rentamt Türkheim
an den Gutsbesitzer Max Joseph v. Schenkenberg zu Ostettringen
den Steuer Nachlaßakt pro 1842/43 betreffend.*

Wird dem Gutsbesitzer Max Joseph v. Schenkenberg zu Ostettringen eröffnet, daß nach dem gehörig instruirten und abgeschlossenen Nachlaßakte pro 1842/43 , dieselben wegen erlittenem Brandunglückes salva revisione folgende Nachlaßquoten treffen

a) wegen verbrannter Ernde[Ernte] 6/8 der Grund=
     steuer   *180 fl 46 xr 1 hl*
b) wegen abgebrannter Ge=
     bäude 8/8 der Haussteuer   *1 fl 7 xr 4 hl*
c) wegen Stillstand der
     Gewerbe 4/8   *24 fl*
             Summa 205 fl 53 xr 5 hl

Da nun von dem Landgute Ostettringen pro 1842/43 noch folgende Staatsabgaben im Reste sind

a) Grundsteuer   *214 fl 2 x 2 hl*
b) Haussteuer   *1 fl 7 x 4 hl*
c) Dominikalsteuer   *2 fl 16 xr 4 hl*

d)	Gewerbsteuer	54 fl
e)	Familiensteuer	9 fl
f)	Kreis Umlage	17 fl 56 x
g)	Lehenbodenzinns	229 fl 6 x

Summa 5544 fl 22 x 2hl

so wurden obige Nachlässe abgesetzt mit   205 fl 53 x 5 hl

und bleiben somit noch baar zu bezalen   348 fl 34 x 5 hl

dieser Restbetrag wolle in kürzester Frist berichtiget werden

der koenigliche Rentbeamte

(unleserliche Unterschrift)

1843 wollte wohl Schenkenberg das Gut Ostettringen verkaufen und ließ deshalb folgende Beschreibung anfertigen:

Beschreibung des Landgutes Ost=Ettringen in Schwaben von 1843

Ostettringen ist eines der größten, best gelegenen und schönsten Landgüter Schwabens. Es liegt an der Hauptstraße von Augsburg nach Lindau, eine Stunde von Schwabmünchen im königlichen Landgerichte Türkheim. Die Eisenbahn von Augsburg an benützend, fährt man in 5 Stunden nach der Residenzstadt München. Die Preise des Viehes wie der Viktualien ist hoch zu nennen und die Lage des Gutes ist so vortheilhaft, daß sämmtliche Erzeugnisse des Gutes an Ort und Stelle verkauft werden können. Die Bonität der Grundstücke ist größtenteil 12 bis 17.

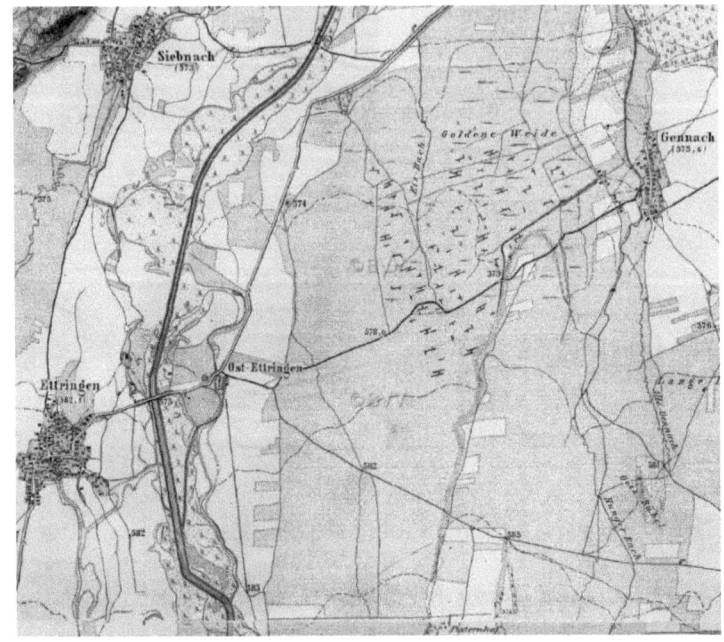

nach dem Bau der Bahnstrecke von Ettringen nach Markt Wald 1911
(Bayerische VermessungsVerwaltung)

Bestandtheile des Landgutes
A: Gebäude

    1. *Das herrschaftliche Wohngebäude liegt vis a vis der Wirthschaftsgebäude, auf einer kleinen Anhöhe, und hat eine herrliche Aussicht auf die Hochgebirge. Es enthält 10 austapezirte Zimmer, Küche, Keller (gewölbt), Kammern und Speise; nebst anderen vielen Bequemlichkeiten.*

    2. *Das Verwalters Gebäude enthält zu ebner Erde nur Remisen, im ersten Stock die Verwalterswohnung mit vier Zimmern und übrige Bequemlichkeit, dann die Oekonomie*

Bau- und Schlaf=Stube, Küche mit Speise, Mägde=Kammer und herrschaftliches Kutscher Zimmer.

3. Das Bräuhaus ganz gewölbt, mit einer kupfernen 75 Eimer haltenden Pfanne, mesingen Bierzumper, mechanische Kühlmaschine durch Wasserkraft bewegt, englische Malzdörre mit Rohren nach neuester Erfindung, Malz-, Gersten und Hopfenboden, Haufenthenne und Schwelke, Einsprenge usw. Unter gleichem Dache befinden sich die Bräuhaus-Schenke /: besteht aus einer großen Schankstube mit Küche und 3 Nebenzimmer :/ die Bräumeister Wohnung, Brauknecht Kammer, die Schaeflerey und vier gewölbte Keller zu weisen Bier. – Die Mahlmühle zu drey Gängen; nebenbey zwey gewölbte Keller zum Aufbewahren der Kartoffel. Von der Kühle läuft das weiße Bier in die unter dem Brauhause gelegenen Keller, das braune hingegen fließt in bleinen Röhren in den über der Landstraße gelegenen Sommerkeller /: diese Fronte ist ca. 290 Fuß lang :/

4. Die Stallungen bestehen:

   a. Schweyzery auf 80 Stück Melkvieh; - die Käseküche, Schweizerwohnung, der Butter- und Käse-Keller, jeder gewölbt – der laufende Brunnen in der Käseküche, ein zweiter vortrefflicher Brunnen in der Stallung.

   b. Futterthenne; zur Verbindung der Schweizerey mit den Ochsenstallungen. Ochsenstallung auf 18 Stück, mit laufenden Wasser; -

   c. Pferdestallung auf 7 Stück Oeconomie- und 4 Stück Herrschaftlpferde; - mit laufenden Brunnen. – Alle Bärme in den sämtlichen Stallungen sind von Kellheimer [Kehlheimer] Stein.

   d. Oberhalb dieser Stallungen befindet sich die Heulage, welche an 10.000 Zentner Futterey faßt.

   e. Die Schweinstallung ist noch mit vorgenannten, unter einem Dache; allein durch eine massive Feuer=Mauer *getrenn t – Diese Stallung hat 20 Abtheilungen und faßt mehrere hundert Schweine.*

   f.   Der Hühner- und Gänsestall.

   g.   Die Brandweinbrennerey mit 3 Kesseln, ganz nach neuesten System a la Pistor, dieses colosale Gebäude hat eine Länge von 350 Fuß.

5. *Der Getreidestadl auf ca. 50.000 Garben und 1 Dreschtenne, -*

6. *Das zweite Remißgebäude mit Dreschtenne und Getreidelage auf 20.000 Garben.*

7. *Die Hofschmiede, Bäkerey, Waschküche und Schlachthaus; im obern Stockwerke, Wohnung des Schmid, Bade, Bügl=Zimmer.-*

8. *Der prachtvolle Sommerbierkeller, enthält den Gährkeller (in welchem wie bereits erwähnt das Bier in Röhren vom Brauhause aus fließt) und 7 Abtheilungen eine jede a 1000 Eimer. Saemtl. Keller sind 14 Fuß hoch gewölbt; und vortrefflich zum lagern des Bieres. Oberhalb den 8 Abtheilungen sind noch 34 kleinere Keller, der obere 1te und 2te Stock ist zur Aufbewahrung von mehreren Hundert Lager-Fäßern bestimmt. – Der ganze Keller ist mit einer englischen Anlage umgeben.-*

9. *Das gemauerte Sommerhaus.*

Diese vorbeschriebenen Gebäude wurden durch zwey Feurs brünste im vorigen Jahre gänzlich zerstört, und sind von dem dermaligen Gutsbesitzer auf das zweckmäßigste und geschmakvollste erbaut worden. Alles ist maßiv von Stein, mit Steinplatten gedeckt; - zwey Stock hoch (früher alles nur 1stöckicht) und kosteten über fl [Gulden] 60.000.

B
<u>Grundstücke</u>

Das Stammgut Ost=Ettringen, welches die im vorigen Litt enthaltenen Gebäude besitzt, enthält an Acker und Wiesen /: Bonität 12 – 17 :/ ca 600 Tagw. alten Maßes,

darunter ein Obst-Anger mi ca 300 St. veredelter Obstbäume

an Waldungen und Buschhölzer   ca. 137 Tagw.

an Torfstiche   ca. 10 Tagw.

C
Rechte

1. *das weiße und braune Bierbrau-Recht*
2. *das Brandweinbrenn- Recht*
3. *das Schankrecht mit Traiterie*
4. *das Mahlrecht mit der Befugniß das Malz für die Brauerey selbst zu brechen*
5. *das Schmidte Recht*
6. *das Fischrecht im Mühlcanal*

D
Dominicalien

Dieselben bestehen in Frohnden, es sind nemlich 8 Bauern von Ettringen, jeder jährlich verpflichtet 4 halbe Tage unentgeldlich zu ackern, und 25 Bauern müßen jeder jährlich 4 halbe Tage Getreide schneiden. Diese Frohnde ersparte dem Gute mehrere Equipagen und Dienstboten.

E
Inventarien

1. *Bei der Oeconomie befindet sich ein ganz vollständiges, nach dem Brande neu hergestelltes Inventar.*
2. *Das Inventar der Bierbrauerey, Brandweinbrennerey, Schaeflerey, ist äußerst zweckmäßig sortirt und es befinden sich außer den technischen Bräu-Einrichtungen, die größtentheils von*

Kupfer sind, mehrere tausend Eimer eichene mit Eisen abgebundene Lagerfäßer dabey. Wirthspanzen ist gleichfalls die erforderliche Zahl vorhanden.

3. *Die Mühle und Schmide haben ihr vollständiges Inventar, gleichfalls die Bräuhausschenke.*

4. *Für saemtl. 36 Dienstboten aller Art sind die erforderlichen Betten vorhanden.*

5. *Das herrschaftl. Gebäude ist ebenso geschmakvoll als zwekmäßig eingerichtet.*

F

Viehstand und Vorräthe an Futter, Getreide

1. *Das Stammgut besitzt 60 St. Melkvieh auserlesener Gattung von Ansbach*

2. *An Zugvieh 16 Ochsen*

3. *An Pferden 6 Stück mit Follen* [Fohlen]

4. *An Schweinen ca 70 Stück*

5. *An Fütterey und Stroh ca 9000 Zentner*

6. *An Getreide unausgedroschen ca 800 Scheffel*

7. *An Holz mehrere hundert Klafter (ca. 2-250 Klft.)*

8. *An Torf in dem Dorf Magazin ca 120.000 Klötz*

9. *An Werkholz ca 700 Bretter und Läden, verschiedene andere Vorräthe*

Maxhof[5]

Dieser Hof ist eine Pertinenz zum Stammgute, und war auch bisher immer mit demselben vereinigt. Erst der jetzige Besitzer hat wegen der mühsammen Bedüngung aus dem Stammgute, für vortheilhafter erachtet, den untersten Theil[6] der Grundstücke für sich bewirtschaften zu lassen, und so entstund der Maxhof, welcher übrigens mit dem Stammgute eine unzertrennliche Fläche bildet

---

[5] Wo der Maxhof stand ist unklar.
[6] Vielleicht versteht man hier den „nördlichen Teil"!

Er enthälft:

<u>An Gebäude</u>
1. *Das Wohnhaus der Dienstboten,*
2. *Die Rindviehstallung auf 36 Stück, ganz neu erbaut. Alle Bärme von Stein*
3. *Die Schafstallung auf 300 Stück, gleichfalls neu erbaut (Beyde Gebäude sind 60' lang 36' breit und stehen getrennt. Oberhalb jeder Stallung ist der erforderliche Platz für Heu und Stroh.*
4. *Der Brunnen.*

Diese saemtl. Gebäude sind ganz maßiv von Stein, mit Ziegeln gedeckt und wurden im leztvergangenen Herbste erst vollendet. – Um den ganzen Hofraum ist eine starke Umzäunung mit zwei Thoren.

<u>13. Grundstücke</u>
Diesem Hofe sind zur Bewirtschaftung überwiesen 140 Tagw. Acker und Wiesen.

<u>Inventar</u>
1. *An 30 Stück Rinder*
2. *An 160 Stück veredelte Schaafe*

Die Gebäude des ganzen Gutes sind für ca 56.000 fl [Gulden] in der Brandaßec.[assecuranz][7] eingetragen. – Das Bewegliche für ca 36.000 fl.

<u>Lasten</u>
Das ganze Gut ist ludeigen, Stift und Zehentfrey, ohne Gilt und Frohnde, außer der Landesherrlichen Steuer die ca 700 fl beträgt, besteht keine Abgabe.

---

[7] Brandversicherung

Schätzung

Die Bank in München welche ao 1836 ein Capital von f[Gulden]
50/m a 4% verzinslich und mit 1% Aenitanten weiser
Zurückbezahllung, Vorschuß - veranlaßte eine gerichtliche
Schätzung der unbeweglichen Objekte auf Ostettringen, und das
Resultat war, die Werthung von f[Gulden] 159.267; - ohne alles
Inventar, Vorräthe, x[usw] die neue Schätzung würde bey dem
Umstande saemtl. neuen Gebäude bedeutend höher werden.

Wirtschaften, welche zu Ost-Ettringen gehören

I. In Wiedergeltingen
/: kgl. Landgerichts Türkheim 1¼ Std. von Ostettringen :/ Diese
Wirtschaft besteht aus einem neu erbauten Wirthshause mit
Stallungen, Stadl xx [usw] dann 26 Tagw. Acker und Wiesen,
Bierschankgerechtsamme.-
Ankaufswerth fl [Gulden] 8.000

II. Amberg
/: kgl. Landgerichts Türkheim 1 Stunde von Ostettringen :/
Diese Wirtschaft besteht aus einem großen Wirthshause mit
Stallungen, Heustadl, großen Getreidestaadl, Metzg, Pfründehaus,
und einen 50 Schritten entfernt liegenden Bauernhause, dann ca 116
Tag.[Tagwerk] der besten Feld-und Wiesgründe und der realen
Taferne Metzg, Bäkerey, Brandweinbrennerey, Krämerey
Ankaufswerth f [Gulden] 10.000

Offert[8]
Herr Alois Wöhr offerirt dem Gutsbesitzer MSchenkenberg in
Ostettringen die von ihm eingekaufte Kreuzlwirtschaft in Siebnach,
bestehend in Haus, Stadl, Stallung, Hausgarten Wurzgarten,

---

[8] Die Kreuzwirtschaft in Siebnach konnte Alois Wöhr kaufen.

Gemeindetheil und c. 27 Tagwerk Hausfeld und Wiesgründe, dann Bierschank und Hupp Coroßion (?); - das noch andere Inventaren ohne Betten, - an Vieh 2 Küh und 2 Ochsen, - an Bauerns Fahrniße 1 Wagen, Pflug samt Egge, Windmühle, nöthige Siebe, Geisel und Anders; - dann Bier Schank Geschirr mit WirthschaftsEinrichtung ; - Alles um 5400 fl, wörtlich fünftausend vierhundert Gulden, welche ? daher Gutsbesitzer erst in 3 Monaten zu protokollieren wünscht entweder baar, oder zur Hälfte baar mit 2700 fl und zur Hälfte mit 2700 fl auf I^{ten} Hypothek liegen bleiben können. – Letzteres Capital in 4% verzinslich ½ jährige Aufkündigung

Diese Offert verpflichte ich mich Alois Wöhr (für den Fall, daß Dempf mit den Handel hält) dem Herrn Gutsbesitzer Schenkenberg Acht Tage zu halten; nach dieser Zeit aber nicht mehr Ostettringen am 4 May 1843

(unleserliche Unterschrift)

Meinen Gutsverwalter Herr Anton Borst bevollmächtige ich hiemit kraft dieses Testamentes, daß derselbe in seinem Namen mit dem Vorsteher von Kirchheim Alois Wöhr über den Ankauf des obigen KreuzlwirthsAnwesen einen Verkauf abschließen darf; - und Alles was er in diesem Kauf eingeht, bewillige ich im Voraus. – Herr Borst wird sein Augenmerk darauf richten, daß ich während der nächsten 3 oder 4 Monate erst protokollieren lassen darf, und daß die Hälfte des Kaufschillings bey der Protocollirung die zweite Hälfte bei Sicherstellung der I Hypothek liegen lassen kann – die Verzinsungist a 4 % Herr Verwalter Borst wird mir den geschehenen Kauf anzeigen

Ostettringen den 5 May 1843
Schenkenberg
Gutsbesitzer von Ostettringen

<u>Kaufvertrag</u>

Die Unterzeichneten haben folgenden Verkauf und Kaufvertrag abgeschloßen

Ostettringen den 11ten May 1843

I

Herr Alois Wöhr Kupferschmiedmeister und Gemeindevorsteher von Türckheim verkauft unterm heutigen an die Gutsverwaltung Ost=Ettringen, welche von dem Gutsherrn Max Joseph Schenkenberg hiezu bevollmächtigt ist, seine in Siebnach gelegene und eingetauschte Kreutzwirtschaft, bestehend: ein Hause, Stallung und Stadel, Hausgarten, Wurzgarten, Gemeinderechttheil, angebantes Hausfeld und Wießgründe, Waldung, - im Ganzen 25 Tagw. 11 Dezim.[Dezimale] laut Cataster, dann Bierschank und Haggionießirn.

Da der vorige Besitzer Dempf seine sämmtlichen Mobilien und Inventargegenstände mit Ausnahmen der in der Gaststube befindlichen, bei seinem einstigen Abzuge hinwegnimmt, so verpflichtet sich Herr Wöhr , alles zum Hauswesen erforderliche Inventar mit Ausnahme von Mobilien und Betten, von seiner eigenthümlichen, in Aschbach gelegenen Wirthsschaft herüberzugeben und kann ein vollständiges Verzeichniß erst bei Ueberbringung dieser Gegenstände gefertigt werden, bemerkt wird jedoch, daß selbes aus 1 Kuch, 1 Ochsen, 1 vollständigen Oekonomiewagen, 1 Pflug, 1 Egge, 1 Windmühle, verschienene Siebern, Gabeln, Reihen, Schaufeln, Trescheln, Gspaten, 1 Beil, Käswägn, alles erforderliche Küchengeräthe in Eisen und Blech, an Schenkgeräthen: 1 kupferne Maas= und 1 kupferne Halbmaasgatze, 12 steinern beschlagene Maaskrüge, 12 Halbekrügeln, Schoppen und Brandweingläser, zinnerne Brandweinkännchen, sammt sammt 1 kupfernen Schwankkübel, 1 Stubenuhr und noch so verschiedenem und was jetz nicht genau bemerkt werden kann, bestehen muß.

II

Sämtliche Lasten und Beschwerden, Nutzen und Gesapr, Steuern und sonstige Abgaben gehen in der Art, wie sie auf dem Anwesen ruhen, vom Tage der Uebernahme auf den Käufer über und es ist letzterm besagt, von diesem Tage an beliebig zu schalten und zu walten. Da die Felder wie oben bemerkt, als angebaut verkauft sind, so hat auch der Käufer dem Verkäufer keine Entschädigung für Aussaat und andere Unkosten zu zalen.

III
Der Kaufpreis für das Ganze wurde auf 5500 fl mit Worten Fünftausend fünfhundert Gulden festgesetzt.

IV
Die Protokollierung soll binnen drey Monaten vom Tage der Uebernahme anfangend, vor sich gehen, und wird obige Summabei dieser Verhandlung baar ausbezalt werden.

V
Sämtliche auf den Kauf und Verkauf sich erlaufenden Kosten aller Art, tragen die Betheiligten zu gleichen Theilen

VI
Schluß
Die Kontrahenten erklären diesen Vertrag mit dem Vorbehalte der Genehmigung des Herrn Gutsbesitzers Max: Jos: v. Schenkenberg als eine vollgültige Handlung, für beide Theile rechtskräftig und bindend, verpflichten sich alle vorstehenden Punkte genauest einzuhalten, und verzichten hinsichtlich dieses Kaufvertrages auf alle gerichtliche und außergerichtliche Einreden

    Zur Bestätigung unterzeichnen

        Die Gutsverwaltung Ostettringen
        A. Borrts
        A Wöhr Kupferschmid

1843 kaufte wohl der ungarischer Edelmann Gyika von Desaunfalen das Gut. Allein schon beim Kauf gab es Schwierigkeiten mit dem ungarische Edelmann, der ermahnt werden musste, die Protokollierungskosten zu bezahlen:

Türkheim den 9 Aug. 1843

das königliche Landgericht Türkheim
an den Hochgeborenen Herrn Grafen Brody Poninsky, kgl.
bayerisch: Kammerherr in Augsburg

Den Ankauf des Landgutes Ostettringen durch den ungarischen
Edelmann Gyika von Desanfalren betr.

Aus dem in Rubro bezeichneten Kaufe sind die Verbriefungskosten
pr 3004 fl 58 xr ungeachtet der Erinnerung vom 14. v. Mts.
[vorigen Monats] noch immer nicht berichtiget. Man gewärtiget
die Bezahlung nunmehr längstens immer sechs Wochen.
Im Falle fortgesetzten Saumsals wäre man genöthiget diesen Betrag
mittels Auspfandung an bereitester Habe oder selbst durch Verkauf
von Liegenschaften des Landgutes Ostettringen einzuheben

Hochachtung
der
Koenigliche Landrichter
(unleserliche Unterschrift)

Türkheim am 3 November 1843

Das königlich Bayer. Landgericht Türkheim

An den Hochgeborenen Herrn Grafen Brady Paninsky,
K.{königlicher] Kammerer pp

Den Ankauf des Landgutes Ostettringen durch den ungarischen
Edelmann Gyika von Desaufaler, insbesondere die Bezahlung der
rückstaendigen Gerichtsgebühren betr.

Auf die Zuschrift vom 18. empf: den 22. v. Mts. [vorigen Monats]
hat nun die Ehre, dem Herrn Grafen zu erwiedern. Hinsichtlich der
2004 fl 38 xr die Taxe für den zweiten Brief, wird das Landgericht
bis auf weiteres die beantragte Nachsicht um so mehr gewähren, als
man hierüber erst nach einer Regierungsentschließung zu erwarten
hat. Indessen müssen dem k. Aerar seine Anspruchsrechte auf diesen
Betrag vorbehalten werden.

Was aber die weiteren 1000 fl anbelangte Tax und Stempelrest für
den ersten Brief so kann man mit deren Einhebung nicht mehr
laenger zusehen. Diese Post ist vollstaendig liquid und der Hl:
[Herr] Graf wissen, daß die desfalls bewilligte Termine laengst
abgelaufen sind.

Zu einer landgerichtlichen Entschließung vom 9ten dem Hl:[Herrn]
Grafen zugestellt am 15ten Aug. [August] wurde ein
sechswochentlicher Termin unter Androhung einer Pfändung und
selbst des Verkaufes von Liegenschaften aus dem Landgute
Ostettringen gegeben. Da nun keine Folge geleistet wurde, so
waeren die angedachte Auspfändung in Vollzug zu setzen. Man will
indessen bevor man hiezu schreitet nach einem achttaegigen
Zahlungstermin bewilligen, wird aber nach abermaligen fruchtlosen
Ablauf dieses Termines sogleich eine Commission zu Exekutions-
vormahnen absenden.

Hochachtung!
der K. Landrichter Schmid

1856 kam es zur Zwangsversteigerung, zu einer Vergantung, und Graf von Rechberg und Rothenlöwen erwarb das Gut Ostettringen anscheinend aus der Konkursmasse vom ungarischen Edelmann Georg Gizika von Desanfahlva. Im Juni 1856 traf sich der Donzdorfer Verwalter des Grafen, der bisherige Verwalter des Gutes Ostettringen Aldinger und andere Beamte in Ostettringen zur Übergabe. Man machte eine Flur- und Waldbegehung. Die neue gräfl. Rechbergsche Gutsverwaltung löst auch den königlichen Förster Dietl von Ettringen ab, der bisher für die Waldungen des Gutes zuständig war.

Protocoll
im Betreffe der Gant des Georg Gizika von Desanfalva[9] zu
            Ostettringen hier
der Immission des Herrn Gutskäufers
in das Gantgut.
                    Ost Ettringen vom 17 Juni 1856
Praes.[anwesend] Der 2. Landgerichts Assessor Behringer

Nachdem durch Adjudikations-Dekret vom 2ten ds.[dieses] Monats das Gantgut Ost=Ettringen   dem Herrn Grafen Rechberg= Rothenlöwen gerichtlich zuerkannt worden war und nachdem unterm 9ten d. Mts.[diesen Monats] die erste Abschlagszahlung an dem Kaufschillinge im Betrage von 10.000 fl beim königl. Landgerichte eingetroffen war, so erschienen die Vorbedingungen zur Transmission des HerrenGutskäufers nachdem speziellen am Steigerungstage bekannt gegebenen Bedungungen erfüllt.
Es wurde nach dem Antrage des Vertreters des Herrn Gutskäufers mit Signat vom 11ten des Monats auf heute zur Vornahme der Immisions Termine bestimmt, der zur Gemeitstirend sowohl, wie auch der Massaturator und der Gutsverwalter hiervon verständiget, und nebige Commission zur Vornahme des Geschäftes gemäß

---

9 Oben wird er genannt: Gyika von Desaufalen!

Beschluß der Gläubigerschaft vom 30ten Oktober v. Js. [vorigen Jahres] hieher abgeordnet.

Namens des Herrn Gutskäufers erschien dessen Sekretär Herr Anton Bäuerlein unter Uebergabe einer Vollmacht des Herrn Grafen Rechberg wornach Letzterer ermächtigt ist, für den Herrn Grafen bei der heutigen Verhandlung thätig zu sein.

Mit dem graeflichen Sekretär Bäuerlein erschien der gräfliche Gutsverwalter Kuorr von Mickhausen und ein weiterer Bediensteter des Herrn Grafen Namens Josef Bleßing von Donzdorf, welch'Letzterer der Herr Sekretär Bäuerlein als denjenigen bezeichnete, welcher vorläufig die Aufsicht über das Gut von dem Herrn Grafen übertragen sein soll.

Es hatte sich auch eingefunden der Massakurator; k. Advokat Dr. Barth von Augsburg und Gutsverwalter Aldinger.

Letzteren veranlaßte nun vor Allem, den für sich angeschafften Flurplan von dem

Gute Ost-Ettringen vorzulegen, um hiernach die Begehung der Gutsflächen vornehmen zu können.

Aldinger übergibt den fraglichen Flurplan mit dem Bemerkungen, daß er ihn um den Betrag von [leer] der Massa abtrete, damit diese denselben an den nunmehrigen Gutseigenthümer übergeben könne.

Dieser Plan zur Hand nehmend verfügte sich die Gerichts-Commission, um die Immission nach den Bestimmungen der GerichtsOrdnung cxp: XVIII § 6 durch einen Realkontakt vorzunehmen auf den Fluren des Gutes.

Man beging mit den obgenannten Betheiligten das Gut nach seiner ganzen Länge und dem größten Theile seiner Gränze, wobei der Steuerplan die entsprechenden Anhaltspunkte gab, geführt vom Gutsverwalter Aldinger.

Die Gränzen des zum Gute gehoerenden Areals sind an den wenigsten Stellen vermarkt, weßhalb man sich bei der Einweisung an den Catasterplan, und an den bereits mit dem Adzudikationsdetrete mitgetheilten Grundsteuerkataster=Auszug hielt. Besonders Augenmerk wurde bei der hirmit vollzogenen

Tradition der zum Gute gehörenden Waldungen verwendet.
Dieselben wurden besonders begangen und speziell die Einweisung
in dieselben vorgenommen.

Nach zweystündiger Begehung und realer Immission der zumGute
gehörigen Grundstücke, wobei man zugleich die Einweisung in den
vom Hauptgute entfernt liegenden Maxhof vollzog, kehrte man
zurück in die Baulichkeiten des Gutes.

Hier durchging man nun Räumlichkeitfür Räumlichkeit, in dem
Wohnhause, auf dem
Kellerberg, dann die Kellerräume selbst, die verschiedenen Pivonen
derWohnung des Verwalters, des Gesindes, der Schenke mit 3
Kellern, des Bräuhauses, der Rindvieh-, Pferde- und
Ochsenstallungen, der Städel, Dreschtenne und Wagenremisen und
wies allenthalben den Vertreter des Herrn Grafen, Sekretär
Bäuerlein und beziehungsweise den Herrn Grafen Rechberg
Rothenlöwen selbst in der Besitz und das Eigenthum der
aufgezählten Immobilien ein, wobei man zugleich bemerkte, daß
hiemit auch die Realrechte, nemlich die reale Brauer= und
Weißbier=Brauerei Branntweinbrennerei und das Recht für den
Bedarf des Gutes sich einer eigenen Mahlmühle und Malzmühle zu
bedienen mit übergeben sein solle;

Ferner wies man auf die nach dem frühheren Inventar bereits
ausgeschiedenen Gegenstände hin, welche nach Gesetz oder Uebung
als Pertinenzen des Gutes erklärt wurden. Auch diese
Pertinenzstücke, von deren Vorhandensein schon bei der
Versteigerung des Gutes dem Herren Käufer Ueberzeugung
verschafft wurde, tradirte man mitdem Immobilienbesitze. Nachdem
auf diese Weise nach den Bestimmungen der G. O. cast XVIII § 6 die
Immissionen als uralter Akt vollzogene erschien, so sah man sich
noch veranlaßt Folgendes beizufügen.

Dem Vertreter des Herrn Grafen Rechberg eröffnet man, daß bisher
die Aufsicht über die Waldungen des Gutes dem königl: Forstwart
Gietl von Ettringen übertragen gewesen sey, daß eine Fortführung
dieser Aufsicht durch einen Bediensteten des Herr Grafen

stattfinden könne, und daß die Bewirtschaftung der Waldungen auch in dem Ermessen des neuen Eigenthümmers liege, daß übrigens die Bewirtschaftung nach einem von einem königlichen Revierförster gefertigten Plan stattgefunden habe; ferner eröffnete man ihm, daß nach den Bestimmungen des Jagdgesetzes die selbstige Jageausübung zustehen und daß bisher eine Verpachtung stattgefunden habe, welche nun durch die Adjudikation ihr Ende gefunden habe.

Herr Sekretär Bäuerlein bemerkt auf diese Eröffnung hin, daß er den Antrag stelle, falls die Gläubigerschaft damit einverstanden sey, den gefertigten Waldwirtschaftsplan dem Herrn Grafen extradiren zu wollen. Was die Aufsicht über die Waldungen anlange, so wurde diese von Bediensteten des Herrn Grafen selbst geübt werden; Forstwart Gietl möge hievon verständigt werden. Gleiches gelte bezüglich der Jagdausübung.

Der Gutsverwalter Aldinger, welcher alle Schlüßel zu den Gebäulichkeiten bereit gehalten hatte, stellte dieselben zur Disposition, soweit er nicht nach den Bestimmungen des Pachtvertrages die Räumlichkeiten zur eigenen Benützung behält.

Es wurde aufmerksam gemacht, daß nach dem Pachtvertrage die Räumung des Gutes 6 Wochen nach der Adjudikation, von welcher er bereits schriftlich verständigt wurde, stattzufinden habe.

Der kgl. Advokat Dr. Brath stellt die Bitte den k.[öniglichen] Forstwart Gietl von der erfolgten Adjudikation des Gutes zu verständigen und gibt zu Bemerken, daß hiemit seine Funktion als Waldaufseher geendet habe; die Abrechnung werde er mit demselben führen.

Schließlich übergab man dem Herrn Sekretär Bäuerlein den von Gutsverwalter Aldinger erworbenen Flurplan, dessen Empfang er bescheint.

Hiemit schloß man u. ließ zur Besättigung unter=
zeichnen
Bäuerlein / Dr. K. Barth / Aug. Aldinger / J. Kuers /Joseph Blessing
Königl. Landgerichts Commission
f. L.U. Behringer Assessor

Protocoll

in Betreff der Beaufsichtigung der zum Gute Ost=Ettringen gehoerenden Waldungen

Ost Ettringen am 17 Januar 1856

Praes:
Der k. Landgerichts Assessor Behringer

Anton Bäuerlein, Sekretär bei Sr. Erlaucht dem Herrn Grafen Rechberg-Rothenlöwen, bisheriger Eigenthümer des Landgutes Ost=Ettringen, welcher heute als Bevollmächtigter des genannten Herrn Grafen in den Besitz des Gutes eingewiesen wurde,stellt in obigem Betreff den Antrag:
Nach der mit heute gemachten Eröffnung hatte bisher der königl. Forstwart Gietl von Ettringen die Aufsicht über die Waldungen von Ost-Ettringen.
Mein Herr Mandant will diese Beaufsichtigung durch Joseph Bleßing von Donsdorf, welchen er vorläufig zur Ueberwaschung des Gutes hieher stationierte, ausüben lassen. Ich stelle nun die Bitte, im Benehmen mit dem k. Forstamte, denselben als Aufseher der gesammten Waldungen vor Fortspolizey wegen zu bestättigen und zu verpflichten, und
ihm dann bekannt zu geben, an welchen Sägemanualführer er seine Anzeigen zu erstatten habe.
Verlesen, bestättiget und unterzeichnet

Bäuerlein, k. Landgerichts Commision
Behringer Assessor

Ostettringer Flur, Mitte des 19. Jahrhunderts

Gut Ostettringen, vor 1907, wohl um 1887
(Bayerische VermessungsVerwaltung)

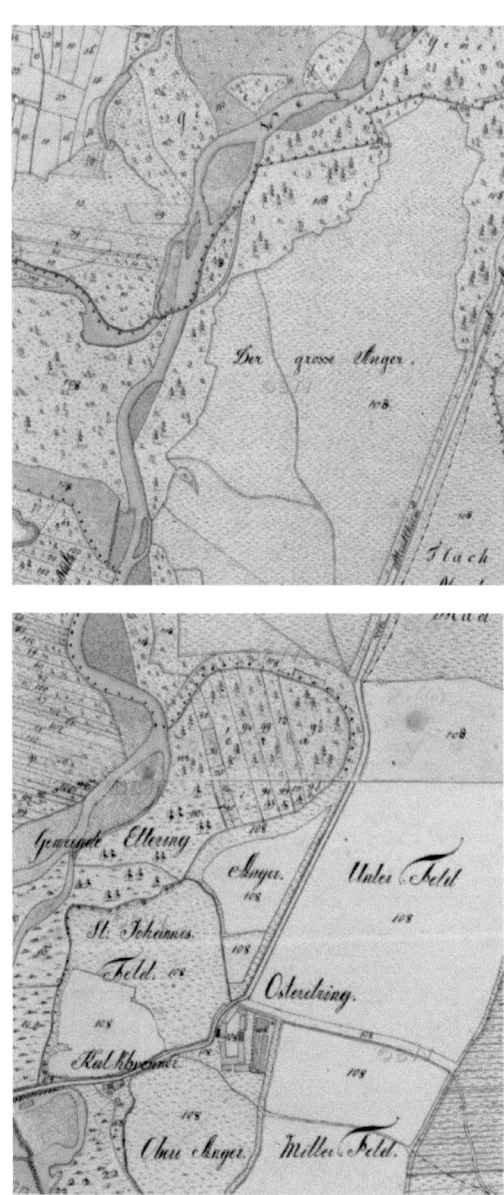

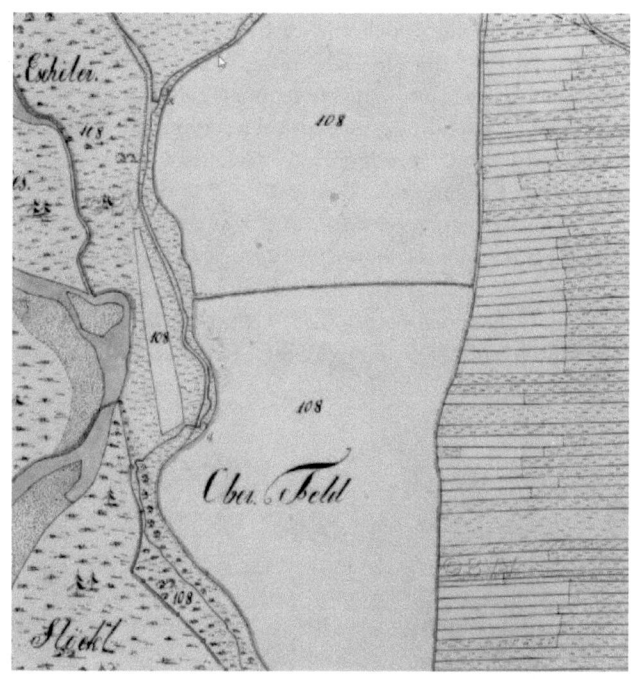

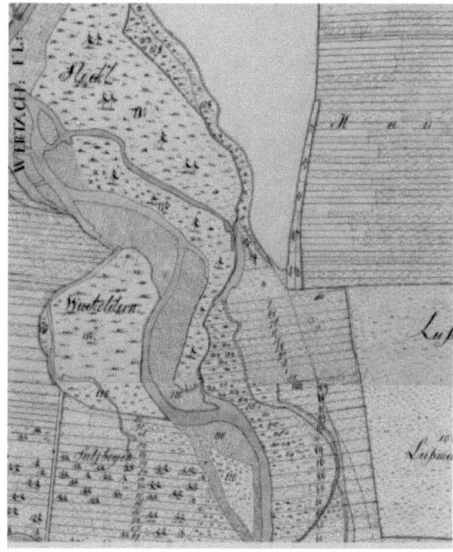

In den Karten erkennt man noch die nicht „korrigierte" Wertach, andererseits ist schon die neue Straße von Ettringen nach Hiltenfingen eingetragen. Zum Gut Ostettringen gehören die Flächen mit der Nr. 108. Im Norden finden sich die Wiesen und Weiden, „Der große Anger" und das „Flachmahd". Ostettringen hatte eine Dreifelderwirtschaft, erkennbar an Unter Feld, Mitterfeld, Oberfeld. Hier wurde jährlich gewechselt. Auf einem Feld wurde Sommergetreide, auf einem anderen Wintergetreide angebaut und ein Feld lag brach. Beim Gut gab es noch einen Anger, wohl eine Weide und ein „St. Johannes Feld", wohl auch eine Weide. Ganz in der Nähe des Gutes lag eine Kalkbrennerei. Hier wurden Kalksteine aus der Wertach gebrannt.

Gutsverwalter August Waldraff

Der langjährige Verwalter des Gutes, Ökonomierat August Waldraff (* 20. Dezember 1825 in Weissenau, + 22. Juli 1903 in Ostettringen) war 1856 BrauereiVerwalter in Weissenstein bei Dondorf, einer Stadt, welche den Rechbergs gehörte. Er heiratete am 9. März 1864 Marie Vigl (* 7. Dezember 1839 in Reutte, + 13. Januar 1905 in München).

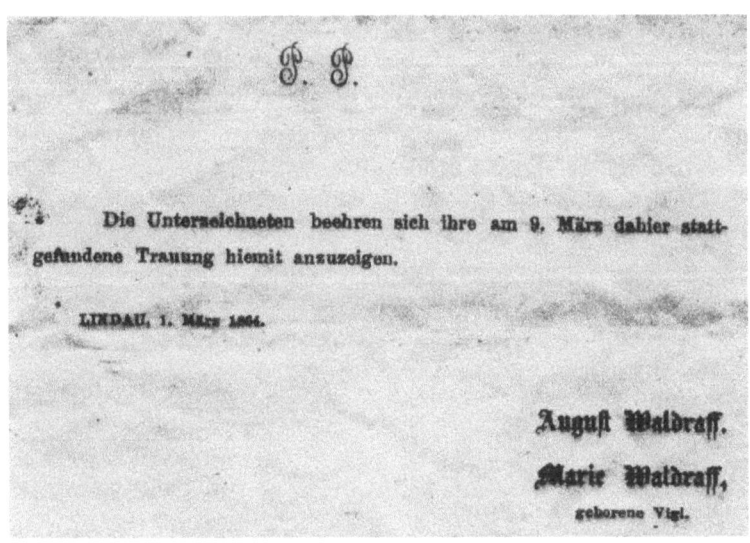

Zehn Jahre nach der Heirat kam ihre Tochter, ebenfalls Marie (*1874) gerufen, zur Welt. Diese heiratete den Bayerischen Geheimrat und Reichsfinanzrat Franz Krapf (26. Februar 1868 – 7. März 1955), Sohn des königlichen Notars von Türkheim und Justizrats Franz Krapf (19. August 1840 – 23. März 1901) und seiner Frau Babette (18. Juli 1840 – 18. Juli 1928).[10] .

---

[10] Die Krapf stammten aus Aschach und waren Schreiner. Frdl. Mitt. von Helmut Rehmer, Urenkel von August Waldraff.

Familien Waldraff/Krapf (von rechts) August Waldraff, Franz Krapf jun. / Marie Krapf geb. Waldraff / Gabriele Rehmer geb. Krapf (*1909) / Marie Waldraff geb. Vigl, um 1911

Geburtstagsfeier 1934: in der Mitte sitzende: Maria Clara Krapf, geb. Waldraff, rechts daneben: Franz Krapf (*26.02.1868), rechts daneben: Gabriele Rehmer, geb. Krapf (*28.05.1909)

Die Verbundenheit der Familien Krapf und Waldraff zeigt sich noch heute auf dem Friedhof in Türkheim. Die Familiengrabstätten beider Gräber, es sind Grüfte, liegen beisamen.

Friedhof Türkheim, um 1970, Grabgruft von August und Marie Waldraff. Der Grabstein ist aus Tuffstein. Im Hintergrund, hinter dem Kreuz, erkennt man eine Figur, die sich auf dem Waldraffgrab befand.

Friedhof Türkheim, um 1970, Grabstein von Franz (Notar) und
Babette Kraft und Sohn Franz Kraft. Die Figur auf dem hohen
Grabstein zeigt, dass es sich um das Grab eines Wohlhabenden
handeln muss.

Friedhof Türkheim, um 1970, Gruft der Familie Krapf

Helmut Rehmer, Urenkel von August und Marie Waldraff, vor Gut
Ostettringen, um 2010

Marie Waldraff erinnert sich an das Gut Ostettringen

Der langjährige Verwalter des Gutes, August Waldraff (1818 – 1903) und seine Gemahlin Marie, geb. Vigl (1839 – 1905), hatten eine Tochter, ebenfalls Marie (*1874) gerufen. Diese heiratete den Türkheimer Notar Franz Krapf[11]. Marie Krapf, geborene Waldraff, schrieb einen ausführlichen Bericht über das Gut Ostettringen:

Meine Heimat Ostettringen

Unsere deutsche Lehrerin lehrte uns immer, dass Ostettringen nach dem Gut von Graf Krammer-Klett das grösste Gut in Bayern sei. Es kommt mir jetzt erst zum Bewusstsein, wie groß die Ausdehnung des Gutes war.

Der älteste Gebäudeblock soll früher eine Mühle gewesen sein. Er beherbergte die Waschküche, durch die das Bächlein floss, die Schmiede, über der die Schäferwohnung lag, die Backstube und oben im Kamin das Räucherkammerl.

Im Jahre 1874 wurde östlich davon, nur durch eine Auffahrtsstraße getrennt, von meinem Vater das lange Stallgemäude errichtet das leider kurz nach Fertigstellung im April durch mit Feuer spielende Schweizerkinder in Brand geriet. Nach seinem Wiederaufbau beherbergte dieser mit Schiefer gedeckte, lange Gebäudetrakt die Kuh-, Mastochsen- und Schweineställe, einen Pferdestall für die Rösser des Bräumeisters und eventl. Gäste. An den Kuhstall schloss sich die Schweizerwohnung an, unter ihr die Obst- und Gemüsekeller.

Der große Zugochsen- und Pferdestall (9 Pferde) bildete das Ende dieses langen Stallgebäudes, wo auch die Pferdeknechte und „Ochseler" ihre Kammer hatten. Unter den Ställen war der grosse

---

[11] Die Krapf stammten aus Aschach und waren Schreiner. Frdl. Mitt. von Helmut Rehmer, Urenkel von August Waldraff

Kartoffelkeller und über ihnen der Heuspeicher. Das Stroh war über der im Süden anschließenden großen Wagen- und Maschinenremise untergebracht, in der auch ein großes Scheunentor die beladenen Getreidewägen aufnahm.

Große Bedeutung kam dem im Westen anschließenden großen Stadel zu: In ihm wurde im Winter mit der Hand gedroschen (um den Tagelöhnern auch in dieser Jahreszeit Verdienst zu geben) und im Frühjahr die Schafherden geschoren. Ihre Wolle erzielte auf dem Wollmarkt in Württemberg stets die höchsten Preise, was wohl meines Vaters genial angelegter Schafwaschanlage, die sich im naheliegenden Wäldchen befand, zu danken war.

Angebaut an diesen Stadel waren Hühner- und Entenställe, die im Winter dick mit Mist, Sand und Stroh bedeckt waren. Dahinter war ein Raum für landwirtschaftliche Geräte.

Das Wohnhaus lag am Haupteingangstor des Ostettringer Gutes, ein schmuckloses, einfaches Biedermaierhaus. Rechts vom Hauseingang lag die große Bauernstube. Sie diente den Knechten zum Essen und abends wohl manchmal auch für die Mägde zu etwas Tanz und Musik. Die sehr große Küche schloss links an das Zimmer der Hausmägde an, hatte zwar einen Ausguss aber noch einen Pumpbrunnen, während die Stallungen schon laufendes Wasser hatten. Daneben waren die Speisekammer und darunter der Keller. Ein langer Gang führte von der Küche zur hinteren Eingangstüre und zur Holzlege. An ihm lagen die Kanzlei und einige Stufen tiefer der Schnapskeller. In ihm lagerten die Erzeugnisse der Brennerei: Kartoffelschnaps und Kornschnaps, genannt „Ettringer Gold", beide von der Bevölkerung gerne gekauft und während der Ernte für die Arbeiter auf's Feld gebracht.

Die Stiege - flankiert von einer großen Mehltruhe und einem bemalten Tierarzneischrank – führte in unsere Wohnanlage. Sie war mehr als primitiv. Das Wohn- und Schlafzimmer der Eltern, dazwischen ein kleines Kabinettchen, das Depot für alles Mögliche: Geldkassette, Gewehre und Spezereinen. An das Elternschlafzimmer schloss sich mein Zimmerchen an über dem auch der Taubenschlag

lag, sodass mir das Gurrer der Tauben heute noch in lieber Erinnerung ist. Dann kamen das Gastzimmer, die Garderobe mit den Schränken und einem Mädchenbett für mein Kindermädchen und das Klosett. Vor dem Elternschlafzimmer war ein kleines Kämmerchen für die Stiefel, Holz und Nachtlager für die Dackel und mein Rehlein. Von großer Bedeutung war die lange, kalte Kammer als Aufbewahrungsort für alles. Hier führte eine Türe zu den Knechtskammern, die ihren Zugang von der hinteren Stiege aus hatten.

Gegenüber unserem Wohnhaus lag das sog. Bräuhaus. In ihm war die Bräumeisterwohnung im ersten Stock und im Parterre eine Wirtsstube mit Nebenzimmer, grosse Speise neben der Küche und Keller. Im Dach dieses Hauses waren der Malzboden und ein kleiner Turm mit einem Glöckchen zum Aveläuten.

Das Bräuhaus mit angebauter Brauerei war verpachtet, doch hatte der Bräumeister vertraglich Weissbier für die Dienstboten zu liefern und auch Bierhefe für das tägliche Gebäck im Winter: Dampf- und Rohrnudeln. Das Wichtigste aber war die Schlempe als Kraftfutter für die Mastochsen, die dann in großen Wagenladungen nach Strassburg, Paris und München gingen.

Zum Zweck der Kraftfuttererzeugung wurde in meinem Aufwachsen eine Schnapsbrennerei gebaut, die sich an die Brauerei anschloss.

Die großen Kartoffelmieten befanden sich hinter dem Kellerberg und ganze Rudel Rehe kamen allabendlich dort zur Futterstelle.

Der Kellerberg war ein von meinem Vater errichteter Hügel auf der Westseite des Gutes, mit Bäumen und Blütensträuchern aller Art bepflanzt. Er beherbergte in seinem Innern den Bier- und Eiskeller der Brauerei und auch unseren Weinkeller. Eine gut befahrbare Straße diente zum Transport der Bierfässer in den Eiskeller und führte zu dem auf der Höhe des Kellerberges erbauten großen Wohnhaus.

Im Parterre befand sich die Wohnung des Grafen, Sr. Erlaucht Otto von Rechberg-Rothenlöwen, der Ostettringen als sein Lieblingsgut oft besuchte. Außerdem war im Erdgeschoss immer für seine Beamten (z.B. Forstverwalter Moosmayer) und darüber die ständige Wohnung des Gutsbuchhalters. Im offenen Kamin einer alten Küche war lange Zeit ein lebender Uhu untergebracht und im Speichergebälk nisteten sich oft Steinmarder ein

Auf der linken Straßenseite, die nach Ettringen führte, war eine Kegelbahn, die zur Brauerei gehörte. Daran schloss sich ein großer Anger mit Obstbäumen, die mein Vater gepflanzt hatte, an.

Im Süden waren große Holz- und Torfschuppen, im Osten – nach den Dungstellen der Stallungen - war der große Gemüsegarten, der vom Bächlein begrenzt wurde. Wo sich dieses nach Norden bog, lag das „Salettel", ein sicher sehr altes, viereckiges, steinernes Gartenhäuschen mit einer Sonnenuhr und innen bemalt mit Fresken, die Schäferszenen darstellten. Vielleicht haben früher die kurfürstlichen Hoheiten, die zur Hirsch- und Wildschweinjagd hierher gekommen sein sollen, in der alten Mühle einen Imbiss genommen.

Der kleine Hügel, auf dem das Salettel stand, war begrenzt von Balsampappeln, die herrlich dufteten.

Das Bächlein bot noch eine Badegelegenheit und riesige Strohhäufen, die dort errichtet waren, bedeuteten für mich einen herrlichen Spielplatz.

Die große Straße Türkheim-Ettringen-Schwabmünchen, die am Gut westlich entlang führte, war von Papa auch mit Obstbäumen bepflanzt worden und brachten soviel Obst, dass es in guten Jahren versteigert wurde. Im nahen Wäldchen lag die schon besprochene Schafwäsche und unterhalb davon zwei große Schafställe, wo um Weihnachten die Schafe lammten. Dazwischen ein kleines Schäferhaus.

Des besseren Bodens wegen wurde später 20 Minuten entfernt noch ein Hof angekauft, der sog. Pisternhof, für den mein Vater auch die Verantwortung trug. Er beschäftigte dort, unter einem Baumeister, Arbeiter vom nahen Amberg. Der Pisternhof hatte so guten Sandboden, dass Spargel ohne weitere Pflege jahrelang gedieh. Er *war Papa sehr lieb, da er jagdlich auch sehr gut war, besonders die um den Pisternhof angelegten Föhrenstreifen und das mit Forchen und Wacholder bestandene „Forchele". In dessen Nähe hatte der Vater eine Jungtierweide eingerichtet, wo auch Jungvieh aus der Umgebung in Pension genommen wurde. Die Amberger und Ettringer Bevölkerung behauptete immer, sie habe unter meinem Vater das goldene Zeitalter erlebt, da er sie – oftmals um sein Geld – den Gebrauch des Kunstdüngers und auch den Kleeanbau gelehrt hatte.*

Die beinahe täglichen Briefe des alten Baumeisters Leister vom Pisternhofe begannen immer: Herr Ver-Walter!

In meiner Jugend habe ich nicht gewusst, wieviel Arbeit, Sorgen und Verantwortung dieses große Gut meinen Eltern über 40 Jahre lang vom frühen Morgen bis zum späten Abend aufgebürdet hat. Für mich aber war es immer ein Paradies.

beschriftet: *Herzlichster Glückwunsch Marie / 26. Feb. 1893*

Diese Karte wurde von Marie Waldraff mit 18 Jahren gezeichnet.
Oben sieht man das Gut Ostettringen.

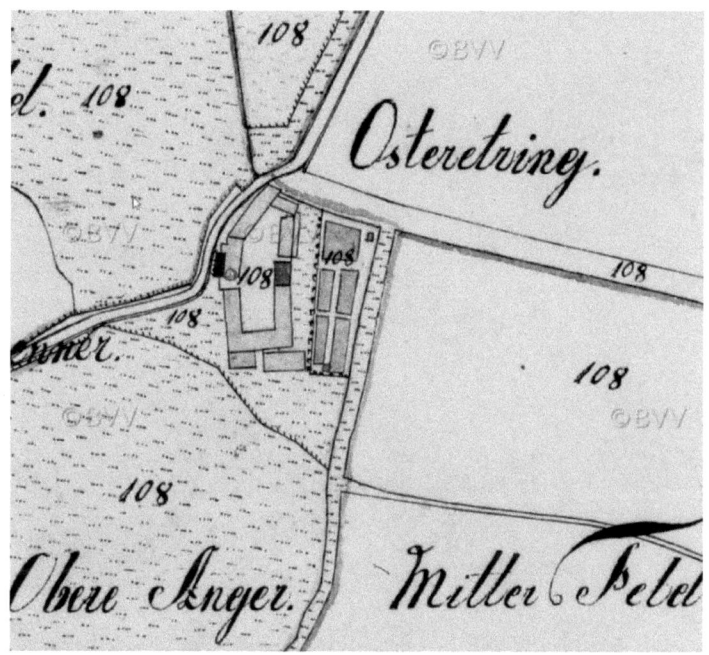

Gut Ostettringen, vor 1907, wohl um 1887
(Bayerische VermessungsVerwaltung)

Der Pisternhof

Um 1860 kam der Pistern, gut 200 Tagwerk Grund, nach Ostettringen.

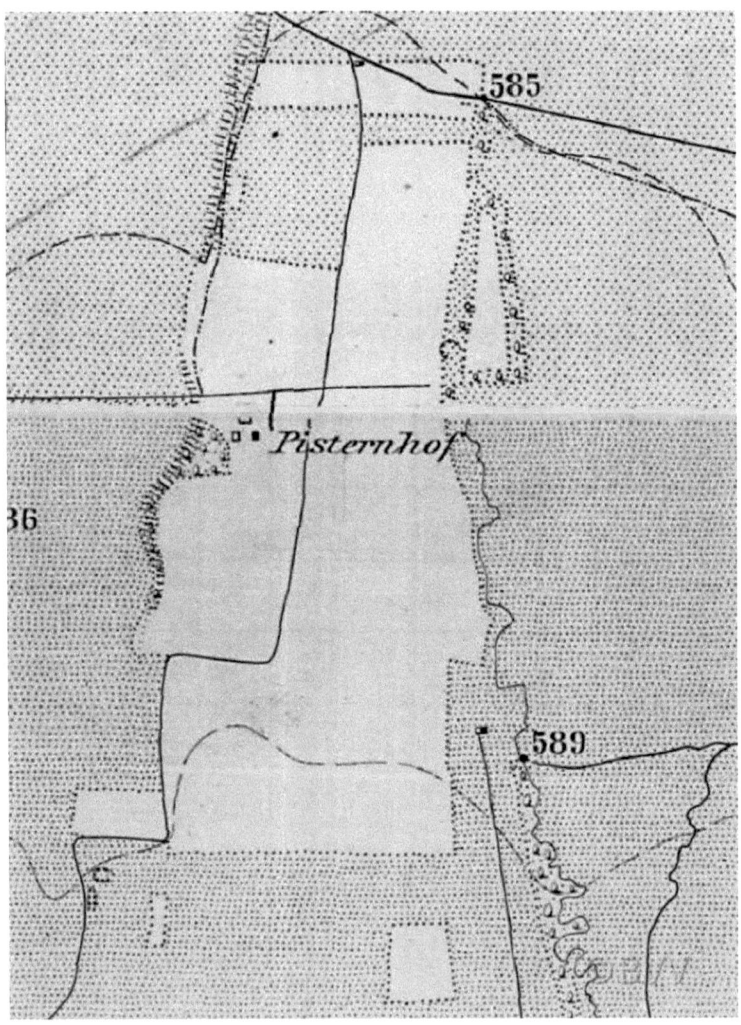

Pisternhof (Bayerische VermessungsVerwaltung)

Der Pisternhof lag auf halber Strecke zwischen Ettringen und
Lamerdingen.
(Bayerische VermessungsVerwaltung)

Im Steuerbuch von 1724 soll dieses Gebiet „die Pistrich,
Amberger Hofmahd" genannt sein. In einem Nachtrag zu
Ostettringen von1861 heißt es: *Unter der bereits von Waldraff
gekauften Piester Gründen liegen noch 20 – 30 Tagwerk
Piesternmäder nach Gennach gehörig welche seiner Zeit ebenfalls zu
kaufen sein dürften.* Damit ist wahrscheinlich, dass mit Pistern
kein Hof, sondern nur eine Flur gemeint war, denn noch in
der Flurkarte aus der 1. Hälfte des 19. Jahrhunderts ist kein
Hof eingezeichnet. Denkbar wäre, dass es früher einen
Pisterhof gab, der dann allerdings unterging. Nur noch die
Flurbezeichnungen Pistertheil, Pistermahder, Pistertheilmahder erinnerten an diesen Hof. Der spätere Pisternhf dürfte
erst um 1870 gebaut worden sein.

In der alten Flurkarte 1. H. d. 19. Jh. ist der Pisternhof noch nicht
eingezeichnet. Die Grundstücke nannten sich allerdings Pistertheil,
Pistermahder, Pistertheilmahder.
(Bayerische VermessungsVerwaltung)

Die Kiesböden auf der einen Seite, wie die sumpfigen Stellen auf der anderen ließen nur eine spärliche Weide aufkommen. Deshalb war die Gemeinde Amberg froh, als sie das gesamte Areal um 1860 an den Grafen von Rechberg nach Ostettringen verkaufen konnte.

Der Pisternhof um 1960 mit Wohnhaus und Stallungen.

Aber nicht nur die Gemeinde Amberg, sondern auch Bauern verkauften Flächen zur Arrondierung des Ostettringer Gutes einschließlich des Pisternhofes, wie folgende Verträge zeigen.

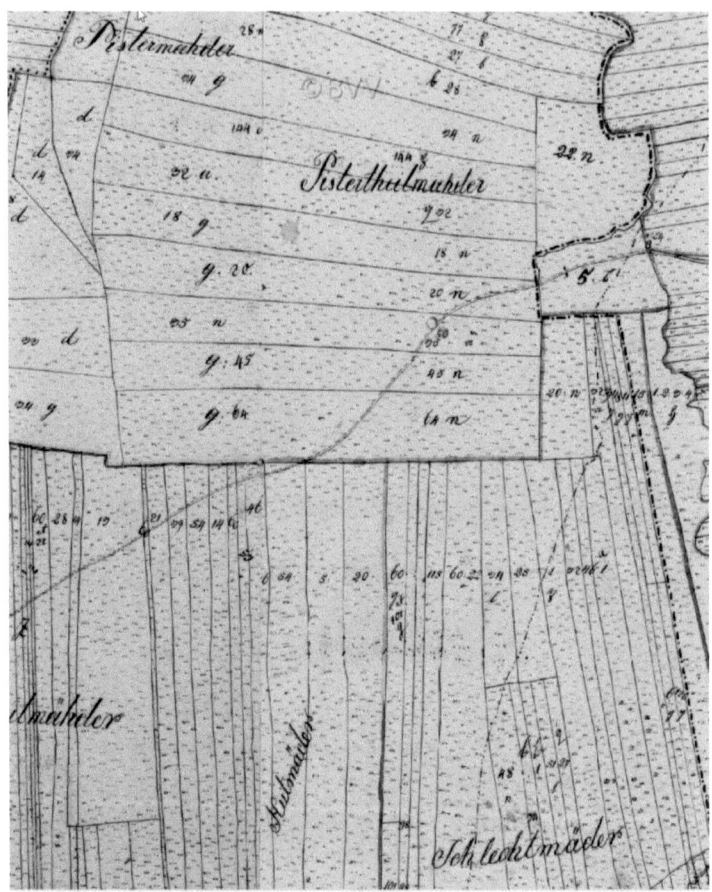

Ausschnitt aus der Flurkarte, Mitte 19. jahrhundert. Sie zeigt die Fluren „Schlechtenmäder" und „Pistermähder.
(Bayerische Vermessungsverwaltung)

Im Namen Seiner Majestaet des Koenigsvon Bayern

*Von dem unterfertigten k. Notar wird hiemit bestätiget, daß von ihm
nachstehende Urkunde errichtet worden ist.*

Kaufvertrag

*Heute den neunzehnten September Eintausend achthundert zwei
und sechzig erscheinen vor mir Johann Baptist Kutter k. Notar zu
Türkheim im Kreis Schwaben und Neuburg des Königreiches Bayern
auf meinem Geschäftszimmer*

1. *Herr August Waldraff, gräflich von Rechberg'scher
    Gutsverwalter, wohnhaft zu Ostettringen, im Bezirke des k.
    Landgerichtes Türkheim , als Vertreter Seiner Erlaucht des
    Grafen Albert von Rechberg und Rothenloewen, in welcher
    Eigenschaft er sich auf die Urkunde vom fünften vorigen
    Monates Nummer 276 meines Geschäftsregisters und die
    derselben beigeheftete Original Vollmacht de dato
    „Donzdorf 31. März 1862" bezieht, inhaltlich deren er
    insbesonders zur Verlauthbarung aller von ihm bis zu eben
    genanntem Tag in des Vollmachtgebers Namen
    abgeschlossenen Kauf- und Tauschverträge ermächtigt ist,
    und alle seine desfalls vorzunehmenden Handlungen als
    genehmiget erscheinen,*
2. *Alois Lutzenberger, Söldner wohnhaft zu Amberg, im
    Bezirk des k. Landgerichtes Türkheim,*
3. *Lorenz Alberstätter, Söldner gleichfalls zu Amberg
    wohnhaft.*

*Die Erschienen sind mir nach Namen, Stand und Wohnort
persönlich bekannt, und ersuchen mich, um Beurkundung der
nachstehenden Kaufvertraege.*

*Seine Erlaucht der Herr Graf Albert von Rechberg und
Rothenloewen kauft zu seinem Gute Haus Nummer
108 in Ostettringen von Alois Lutzenberger und Lorenz Alberstätter
die bei einem jeden dieser beiden unten einzeln aufgeführten, nach*

einem Anmeldecertifikate des k. Rentamtes Türkheim vom heutigen beschriebenen, in der Steuergemeinde Amberg k. Landgerichtes und Rentamts Türkheim, gelegenen Grundstücke,um die bei einem jeden gesondert angegebenen Preise, welche Kaufpreise bereits bezalt sind und wofür Seitens der Verkäufer hieher quittirt wird, unter folgenden allgemeinen Bestimmungen

    a. *für das angegebene Flächenmaß der Grundstücke haben Verkäufer nicht zu haften.*

    b. *Besitz, Nutzen und Lasten der Grundstücke haben für den Herrn Käufer begonnen mit dem Abschlusse des Privatkaufvertrages, welcher schon vor etwa einem Jahre stattfand.*

    c. *Verkäufer sind verpflichtet, die Entlassung der von ihnen verkauften Grundstücke aus dem dermalen noch bestehenden HypothekenVerband auf ihre Kosten längstens inner[halb] sechs Wochen, von heute an zu bewirken, indem ungeachtet der von Notare geschehnen Hinweisung auf die einschlägigen Hypothekengesetzlichen Bestimmungen, die Beurkundung der Verträge nicht bis nach erfolgter Hypothekenbereinigung aufgeschoben werden will.*

    d. *die Kosten der Vertragsbeurkundung zalt der Herr Käufer, welchem von der Gesammturkunde eine erste Ausfertigung ertheilt werden soll, welche Ausfertigung der käuferischer Herr Vertreter bei seiner demnächstigen Hieherkunft persönlich in Empfange nehmen will.*

Unter diesen Bedingungen erkauft Seine Erlaucht Herr Graf Albert von Rechberg und Rothenloewen

I

von Alois Lutzenberger, Besitzer des Anwesens Haus Nummer 12 zu Amberg Katasterfolie 43 Plan Nummer 1529 ½ Schlechdenmahd , zwei Tagwerk fünf und dreißig Dezimalen, mit eilf ganze acht Zehntel Kreuzer einfach besteuert. um Einhundert fünf und dreißig Gulden /135 fl

II

von Lorenz Alberstätter, Besitzer des Anwesens Haus Nummer 52
in Amberg: Katasterfolie 200 Plan Nummer 1585 lange
Piestrichmahd, Vier Tagwerk fünfundneunzig Dezimalen, belastet
mit neunzehn ganze acht Zehntel Kreuzer einfacher Steuer und drei
Gulden zweiundzwanzig Kreuzer Bodenzins zum
Staate,Katasterfolie 201 PlanNummer 1582 lange Pistrichmahd, drei
Tagwerk vier und vierzig Dezimalen belastet mit dreizehn ganze
acht Zehntel Kreuzer einfacher Steuer und ein und zwanzig Kreuzer
fünf Heller Bodenzins zum Staate, um Sechshundert fünf Gulden
(605)
Hierüber wurde die gegenwärtige Urkunde aufgenommen und
dieselbe nachdem sie dem käuferischen Vertreter und den Verkäufern
vorgelesen worden war, zur Bestätigung von diesen, sowie dem
gefertigten Notare unterschrieben.

August Waldraff, gräflicher Rechberg'scher Verwalter
Alois Lutzenberger
Lorenz Alberstetter

Kuttler
k. Notar.

.
KaufVertrag
*   Lamerdingen den 8 Februar 1861*
Theodor Specht Söldner von Lamerdingen HausNr. 10 verkauft sein
in der SteuerGemeinde Gennach liegende sogennanten Pistern Wiese
PlNo. 727 mit 14 Tagwerk 97 Dezl. [Dezimal] um die Kaufsummen
von 1000 fl. Eintausend Gulden unter folgenden Bedingungen an
die GutsVerwaltung Ostettringen: ......
Laut eigenhändiger Unterschrift

Käufer   der Verkäufer
Waldraff, Verwalter   Theodor Specht

Ostettringen betrieb auf den Piestrichwiesen zunächst weiter Schafzucht. Nicht zuletzt auf Anregung des Verwalters von Ostettringen, August Waldraff, wurde dieses Gebiet entwässern und mit Kunstdünger ertragreich gemacht. Die folgenden Tabellen zeigen durchaus Erfolge in den Ernteerträgen

Ernte-Ergebnisse beim Piesternhof

1901/02	Fläche Tagw.	Gesamtertrag Zentner	Ertrag pro Tagwerk Zentner
Dinkel	12	147	12,25
Winterroggen	4	12	3
Winterweizen	11	70	6,4
Sommerroggen	-	-	-
Sommerweizen	-	-	-
Sommergerste	23	331	14,4
Hafer	32	358	11,2
Raps	18	62	3,5
Kartoffeln	28	1300	46,4
Mischling	21	214	10,2
(2/3 Dinkel u. 1/3 Roggen)			
Summe	149		

1910/11	Fläche Tagw.	Gesamtertrag Zentner	Ertrag pro Tagwerk Zentner
Dinkel	13	234	18
Winterroggen	10	129	12,9
Winterweizen	23	190	8,3
Sommerroggen	-	-	-
Sommerweizen	-	-	-
Sommergerste	23	196	8,5
Hafer	50	360	7,22
Raps	-	-	-
Kartoffeln	33,5	2448	73
Mischling	-	-	-
Summe	152,5		

1916/17	Fläche Tagw.	Gesamtertrag Zentner	Ertrag pro Tagwerk Zentner
Dinkel	-	-	-
Winterroggen	10	53	5
Winterweizen	42	190	4,5
Sommerroggen	-	-	-
Sommerweizen	-	-	-
Sommergerste	28	232	8,2
Hafer	41	514	12,5
Raps	-	-	-
Kartoffeln	31	1880	60,6
Mischling	-	-	-
Summe	152		

Am 24. März 1887 verkaufte der Ostettringer Gutsverwalter August Waldraff an den Krämer und Ökonom Sebastian Schöffel von Amberg eine größere Fläche im Wert von 1353 Mark. Da es sich um eine Fläche aus dem Rechbergschen Gesamtbesitz handelte genügte es nicht, dass „Seine Erlaucht, der Herrn Grafen Otto von Rechberg und Rothenlöwen zu Donzdorf, Allt=Rechberg'schen Familien Fideicommisses und damit auch Besitzer des Anwesens Haus=Num=mer 108 zu Ost-Ettringen" Waldraff hierzu ermächtigte. Es mussten noch weiter Familienmitglieder diesem Verkauf zustimmen:

Wir am Ende Unterzeichneten Agnaten des Gräflich von Rechberg'schen Hauses urkunden hiermit wie folgt:

Die Agnaten das Grfl. von Rechberg'sche Hauses haben lt. Familien-Vertrag vom 20/23ten September 1842 hinsichtlich Gefällablösungen, Eigenmachungen von Fallchen u. Veräußerungen einzelner Realitäten durch besondere agnatische Conreure vom Jahre 1835 u. 1840 die dem früheren Fideicommisesbesitzer Alois Grafen von Rechberg und Rothenlöwen erteilte Dispositionsbefugnis auch auf seinen Nachfolger, den Grafen Albert von Rechberg und Rothenlöwen ausgedehnt.

In Folge des am 27ten Dezember 1885 eingetretenen Hinscheidens des Letzteren ist dessen Sohn Otto

Graf von Rechberg und Rothenlöwen in den Besitz des Gräflich von Rechberg'schen Gesammtfideicommises nämlich des Altrechberg'schen Fideicomisses in Württemberg u. Bayern u. des Graf Xaver von Rechbergschen Fideicommisses in Bayern eingetreten u. damit die oben erwähnten Dispositions=Befugniß erloschen, so daß nunmehr die Bestimmungen des § 5No 2 oben erwähnten Fideicommisstatuts in (Kraft lies) Kraft zu treten haben, wonach Reluierungen von zum Grafl. von Rechberg'schen Fideicomiß gehörigen sicheren Grundgefällen u. gutsherrlichen Gerechtsamen untersagt u. jede Veräußerung von Bestandtheilen der Fideicomiss=Substanz verboten ist.

Da wir indessen die vollkommene Überzeugung haben, daß unser Neffe, Vetter u Onkel, Otto Graf von Rechberg und Rothenlöwen nicht minder, als sein Vater, für das Beste der Familien=Fideicommisses bedacht ist, erklären wir hiermit ausdrücklich, daß wir die im Jahre 1835 u. 1840 bezw. 1842 den früheren Fideicomißbesitzern ertheilte Dispotitionsbefugniß hinsichtlich des Gesamtfideicommisbesitzes in Württemberg u. Bayern auch auf den Fideicommißnachfolger Otto Grafen von Rechberg und Rothenlöwen hiemit ausgedehnt haben wollen u sollen deshalb alle von demselben für das Alt=Rechberg'sche sowohl wie für das Graf Xaver von Rechberg'sche Fideicommiß bereits unternommen oder in Zukunft noch zu unernehmenden Dispositionen irgend welcher Art insbesondere Ablösungen Verkäufe, Vertauschungen u. Käufe als vollkommen gültig angesehen werden, gleich als ob unsere ausdrückliche agnatische Einwilligung dazu eingeholt worden wäre.

Das Nämliche erklären wir rücksichtlich desjenigen was dieser Fideicomißbesitzer in Folge getroffener Disposition über Bestandtheil, des Fideicommisses für solche subsitiert habe oder fernerhin sustituieren wird.

Zur Bestätigung dessen haben wir gegenwärtige Urkunde (eigenhändig lies) eigenhändig unterzeichnet

Rettenhof den 15. Juli 1886, Bernhard Graf von Rechberg-Rothenlöwen

Auf Grund des leg. Regalisierungsprotokolles vom 15/7 1886 J 7904 wird die Echtheit der Unterschrift Sr. Excellenz des Herrn k. k. [königlich-kaisserlich] wirkl. Geheimenrats Sr Majestät des Kaisers Bernhard Grafen von Rechberg Rothenlöwen im Schloß Rettenhof bei Wien hiemit betätigt.

Vom k. k. BezirksgerichteSchweebat am 15. Juli 1881

Für den k. k. Landgerichtsrat Leo von Czernum k.k. Gerichtsadjunkt

Ludwig Graf von Rechberg, General der Kavallerie

Ernst Graf v. Rechberg, Rittmeister a.l.s.

Heute, den sechs und zwanzigsten August eintausend achthundert
sechs und achtzig 26. August 1886
erschienen vor mir Jgnaz Haggenmüller kgl. Notr in Immenstadt auf
meinem Amtszimmer
1 Herr Ludwig Graf von Rechberg-Rothenlöwen, General der
Cavallerie und Generaladjutant Seiner
Majestät des Königs von Bayern, Excellenz zu München wohnhaft.
2 Herr Ernst Graf von Rechberg-Rothenlöwen Rittmeister a la suite
zu Elbhofen wohnhaft ----
beide mir Notar, nach Namen, Stand und Wohnort bekannt und
haben dieselben in meiner Gegenwart vorstehendem Schriftstücke
ihre obigen Unterschriften eigenhändig beigesetzt.
Zu dessen Bestätigung diese Urkunde welche auf Vorlesen und
Behaltsgenehmigung von den Herrn Comparenten und mir, Notar,
unterschrieben worden ist.
Ludwig Graf von Rechberg
Ernst Graf v. Rechberg
Ignaz Haggenmüller, königlicher Notar
Die Ächtheit vorstehender Abschrift beglaubigt
Geislingen den 30. März 1887, Gerichtsnotars-Verweser
Muller

„Wiedergeltinger Stiftteile"

Beim Pisternhof lagen auch die „Wiedergeltinger Stift-Theile".
Der Besitzer dieses Grundtückes musste an eine Stiftung in
Wiedergeltingen eine geringe Abgabe, das „Kirchbrot"
zahlen. Da dieses Grundstück zum Pistern und damit zu
Ostettringen gehörte, löste das Gut die jährliche Zahlung an
die Wiedergeltinger Stiftung durch eine Einmalzahlung ab.
Daneben hieß ein Flurstück „Heilige Mad". Dieser Name
deutet darauf hin, dass auch für dieses Grundstück an eine
kirchliche Stiftung oder an die Kirche eine Abgabe bezahlt
werden musste.

Wohlgeboren Herr A. Waldraff, Gutsverwalter von OstEttringen,
Post Türkheim (in Schwaben)

Laindern den 26ten Feber [Februar] 1867

Geehrter Herr Waldraff!
Vorerst bitte ich um Nachsicht mir nicht böße zu seyn wegen zu
lange ausbleiben meines Briefes. (in Betreff der streitigen
Kirchbrode) da durch ein unangenehmes Misgeschick Ihre Zuschrift
verspättet in meine Hände gekommen.
Ich kann mich nicht erinnern daß ich auch Wiedergeltingen
Kirchbrode bezalt hätte; oder daß ich wegen deßen angehalten worde
weere.
Daß bezeichnete Kirchbrode im Kataster nicht aufgeführt wurden,
wen je solche bestehen sollten ist nicht unsere Schuld; u hätte die
Kirchenstiftung ihr Recht früher in Anwendung bringen sollen
nicht erst nach verlauf von 6 Jahre solche noch zu fordern.
Laider kann ich Ihnen nicht mehr Aufschluß geben in dießer Sache,
da mir wie gesagt nichts bekannt von Kichebrode war. wenn ich
sonst wieder zu Diensten stehe, werde ich jederzeit bereitwillig seyn
Stets   mit Achtung ergebener David Bäßer jun.

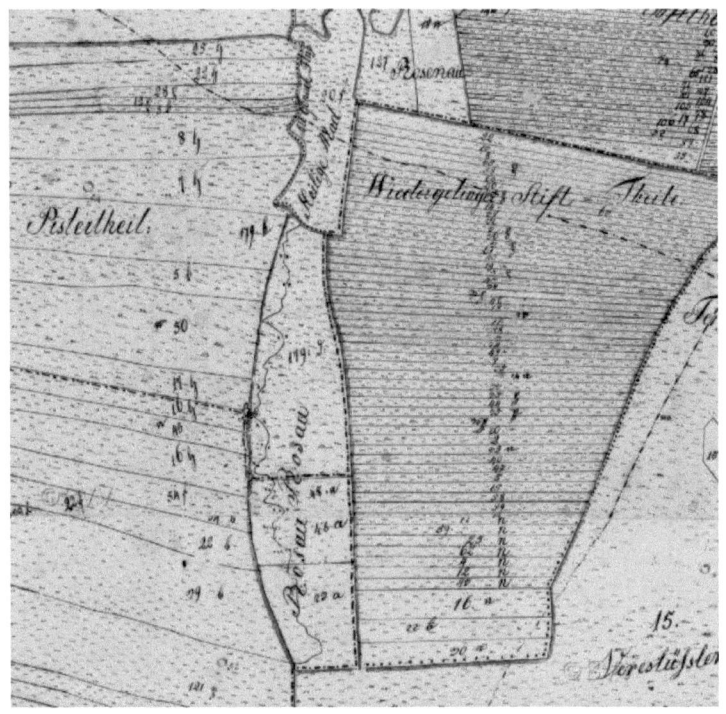

Flurkarte Mitte des 19. Jahrhunderts, mit den „Wiedergelinger Stift-
Theile", östliche des „Psitertheil"
(Bayerische Vermessungsverwaltung)

An
die Verwaltung Ostettringen

*Auf das mit Bericht vom 9ten d. Mts. [diesen Monats] wegen letzte
Schreiben der Kirchenverwaltung Wiedergeltingen v. 26. April wird
der gräflichen Verwaltung folgendes erwidert:*
*Der im Protokoll am 7. Januar 1862 Namens der Kirchenverwaltung
Wiedergeltingen als Kläger aufgetretene Kirchenpfleger Stankmann
hat diese Reichnis selbst als eine bereits fixirte bezeichnet u. für
diesen Fall hätte auch deren Ablösbarkeit nach Art. 23. des Ges. v.*

68

4ᵗᵉⁿ Juni 1848 nicht beanstandet werden könne. – Nachdem aber Stankmann zur Führung des Streits überhaupt nicht legitimirt war, so ist diese Angabe ganz irrelevant, wie überhaupt jede mit demselben gepflogene Verhandlung für keine Parthei von rechtlicher Wirkung sein kann.

Die Behauptung, daß die fragl. Leistung nicht unter das Gesetz v. 4 Juni 1848 zu subsumiren ist, kann diesseits wohl nicht beanstandet werden, da diese Leistung mit dem grund=, gerichts= u. zehent= herrlichen Verbande nicht zusammenhängend ist sondern als eine aus dem pfarrlichen u. Gemeindeverbande herrührende Last, als eine hergebrachte Ergänzung der Sustentation des Pfarrers oder Mesners anzusehen ist. (Kreis Intell. Bl [Kreisinterlligenz-Blatt] v. Schwaben u. Neuburg v. 1849 S. 639) Es kann hienach auch nicht die Ablösung um 16fachen Betrage gefordert worden, und ist der geringfügigkeit der Leistung wegen gegen den beanspruchten 25fachen Maaßstab nicht einzuwenden, u. dies um so weniger, als die Kirchenverwaltung für den Fall der Anmeldung der Ablösung mit dem Anschlag (?) von 8 xr einverstanden zu sein scheint, u. nicht 12 xr pr[o] Laib fordert.

Die Verwaltung hat nun vorerst mit der Kirchenverwaltung, d.h. deren gesetzlichen Bevollmächtigten sich ins benehmen zu setzen, u. die Ablösung anzubahnen. Da die Reichnis aber nicht unter das Ablösgesetz fällt, so wird es genügen, mit der Kirchenverwaltung einen Ablösungsvertrag hierüber abzuschließen, u. diesen zur Genehmigung der Curatelbehörde vorzulegen.

Das Resultat derweiter gepflogenen Verhandlungen ist hieher bekannt zu geben. Was die Forderung aus der Vergangenheit betrifft so wird die Kirchenverwaltung gegen die Bezahlung von blos 32 xr pro Jahr keinen Anstand erheben.

Donzdorf den 11. Juni 1862
gräflich Rechbergisches
Oberrentamt
(Unterschrift)

An

die gräfliche Verwaltung
    Ostettringen

In Sachen der Kirchenstiftung Wiedergeltingen gegen die gräfliche Guts Verwaltung Ostettringen wegen Reichnis von vier Kirchlaiben wird der Verwaltung auf ihren Bericht v. 15/20 v. d. Mts. Nachstehendes eröffnet.

Da voraussichtlich dem Kläger der Beweis darüber gelingen wird, daß auf Pl.N. 1567 die 4 Laibe repartirt u. bis zum Jahre 18⁵⁷/₅₈ von den jeweiligen Besitzern gerecht wurden, durch den Umstand aber, daß seit 18⁵⁸/₅₉ diese in Geld fixirte Reichnis von 32 xr nicht mehrgeleistet wurde, von einer Erlöschung derselben durch Verjährung umso weniger die Rede sein kann, als die gräfliche Verwaltung bereits im J. 1865 zur Bezahlung des Fixums angehalten wurde, so würde unfehlbar zu Gunsten des Klägers erkannt werden. Auserdem würde aber auch der sich vorbehaltene Regres an David Bäßler im Falle des Unterliegens im Streite nur dann von Erheblichkeit gewesen sein, wenn demselben – da er in dem Kaufvertrage v. 29. April 1862 ausdrüklich dafür haftete, daß das verkaufte Grundstück hypothekenfrei sei, u. daß auf demselben außerdem – im Kataster aufgeführten Lasten und den Fahrwegen nach Dillishausen xx Keine Lasten und Diestbarkeiten ruhen – der Streit rechtzeitig, also mit der Einlassung auf die Klage verkündigt worden wäre, um ihm Gelegenheit zu geben, für zweckmäßige Führung des Prodestes thätig zu werden, und sachdienliche Behelfe an die Hand zu geben.

Es ist daher nach Lage der Acten die Fortführung des Streits nicht räthlich. Uebrigens ist auch desen Object so geringfügig, das es weder der Kosten, noch des Zeitversäumnisses werth ist, die die Führung des Proceßes erfordern würden. Hienach bleibt wohl nichts Anderes übrig, als daß die Verwaltung die noch im Rükstande befindlichen Jahresleistungen an die Klägersche StiftungsPfleger bezahlt und von jetzt an alljährlich fortentrichtet, oder die bereits fixirte Abgabe nach den Bestimmungen des Art. 23 des Ges.v. 4.

Juni 1848, betreffens die Aufhebung der standes= u. gutsherrlichen Gerichtsbarkeit, dann die Aufhebung, Fixirung u. Ablösung der Grundlasten durch baare Erlegung des Achtzehenachensches jährliche Betrag ablöst. Das ganze Ablös Kapital würde hienach betragen 9 fl 36 xr von dem k. Landgerichte könnte sodann die Sache als durch Vergleich erledigt behandelt u. zu Gunsten dessen die Kosten auser Ansatz belassen werden.

Bevor jedoch die Verwaltung ihre Erklärung in der einen oder anderen Weise der Klägerschen Stiftung gegenüber abgibt, könnte sie sich noch, soferne dies nicht schon geschehen ist, an Bäsler selbst wenden, u denselben auffordern, entweder die oben erwähnte Entschädigungssumme von 9 fl 36 xr zu bezahlen, oder solche Beweismittel an die Hand zu geben, daß der Prozeß noch zu Gunsten der Herrschaft weiter geführt werden könne.

Ist diese Aufforderung ohne Erfolg, so ist es immerhin noch Zeit, den Streit durch Bezahlung der Rückstände u. Fortentrichtung des Fixums oder desen Ablösung bezulegen

Donzdorf am 22. Jan. [Januar] 1867
Gräflich Rechbergisches
Oberrentamt
Bäuerlein

Wiedergeltingen d. 27ᵗᵉⁿ April   1867
Die kath. Kirchenverwaltung Wiedergeltingen an
Herrn Walldraf gräflich Rechbergscher Verwalter in Ostettringen
Kirchbrod zur Kirchenst. Wiedergeltingen betr.

Das in rubr. Betreffe vom k. Landgerichte Türkheim am 8ᵗᵉⁿ April
verfaßte Protokoll hat die Kirchenverwaltung erhalten u. dasselbe
behufs der genehmig?in Berathung gegangen. Abgesehen davon, daß
Stankmann G.[Gemeinde-]Pfleger das Recht der Kirchenstiftung
nicht vertreten konnte u. somit schon formal das in be?regten
Protokoll aufgenommene Uebereinkommen zwischen Hl [Herrn]
Verwalter [Kirchenpfleger] Namen der gräflich Rechberg.
Herrschaft u g. Pfleger Stankmann ungiltig ist, muß
unterf.[unterfertigte] Kirchenverwaltung aus materiellen Gründen
fragl. Übereinkammen am ? Brod ist nach dem Ablösungsvert. v.
1848 v. 4ᵗ Juni nach Art. 23 im achtzehnfachen Betrage zur
Ablösung berechnet. Allein diese Leistung fällt nicht unter dieses
Gesetz u. muß vielmehr im 25 fachen Betrage, wenn sie abgelöst
werden will, berechnet werden.- Ferner muß noch bemerkt werden 8
xr für einen Laib Brod ist nicht Fixum sondern lediglich Anschlag;
u. der wirkliche Laibbrod ist mindestens 12 xr werth; welche 12 xr
auch bei einer Ablösung berechnet werden könnten! Wollte hier
Jemand einen Brodlaib ablösen würde Kirchenverwaltung bei 12 xr
Ansatz u. 25 fachen B etrage stehen bleiben. Bei in ? stehenden 4
Brodlaib stellt Kirchenverwaltung nicht den wirklichen Ansatz zu
12 xr pro Ablösung auf, weil gegen Perception die Ablösung nicht
unergünstigt; jedoch bei 25 fachen Betrage in der Berechnung muß
sie stehen bleiben.
Es ist nun Sache Hl. Verwalters die Ablösung zu beantragen, aber
bei der Verwaltungsbehörde nicht beim Gerichte, da Ablösung zur
Verwaltungsbehörde compedirt resortirt.
Hochachtung die k. Kirchenverwaltung, Schneider Pfarrer, Vorstand
Miller Stift Wiedmann Vorsteher
Felix Huber

Ablösung eines Grundstückes Büstern [Piestern] *zum Armenfond Wiedergeltingen gehörige Einnahmen vom Graf Rechbergschen Gute Ostettringen PNr. 1567*

Aufgenommen 20 Oktober 1901

Gegenwärtig der Bürgermeister Lutzenberger die unterzeichneten Ausschußmitglieder

Die nach herkömlicher Weise auf heute Abend 7 Uhr zusammenberufende Gemeindeausschlußmitglieder von welchen von 10 Ausschußmitgliedern 10 Ausschußmitglieder erschienen sind wurde auf Vortrag des Bürgermeisters und nach eingehender Berathung mit allen gegen keine Stimme beschlossen: Daß dem Antrage Herr k. Ökonomirates und Verwalter Waldraff in Ostettringen beigestimmt werde, daß die Armenfondsverwaltung Wiedergeltingen zum 25 fachen Betrage ablöst. Betreffende Ablösungssumme wird von der Armenfondsverwaltung zum Armenfonde umgelegt, benannte PN 1567 bezahlt pro Jahr 96 Pfennig an die Armenkasse Wiedergeltingen und beträgt die Ablösungssumme rund 25 Mark

Der Gemeindeausschuß
Lutzenberger Bürgermeister
Reitter Beigeordneter
Scherer Kassier
Schmid Ignatz
Jäger Mathias
Alois Seiler
Doll Josef
Wiedemann Alois
Alois Huber
Schwarzenbacher Johann

Wiedergeltingen den 13. Juli 1902

*Von der Gemeindeverwaltung Wiedergeltingen
an das k. Bezirksamt Mindelheim*

*Betreff Ablösung von Kirchbroden [Kirchbroten] zur Armenkasse
Wiedergeltingen*

*Der gehorsam unterfertigte sendet beiliegendes Schreiben v. K.
Ökonomierat Waldraff an k Bezirksamt Mindelheim behufs
Genehmigung um Ablösung benannten Kirchbordes.*

*Die Sache verhält sich nämlich wie folgt:
Auf dem Pisternhofe PN 1567 Wiese in der Gemeindeflur Amberg
ist besagte PlN [Plannummer] mit einer Abgabe an die Armenkasse
nicht Kirchbrod belastet. Diese Einnahme zur Armenkasse besteht
schon so lange als die Armenrechnung bestehen ist immer. Benannte
PlN hat pro Jahr 96 Pfennig an die hiesige Armenkasse zu bezahlen
welches auch bis heute geschehen ist.
K. Ökonomirat Waldraff hatte schon früher den Antrasg gestellt
betreffende Abgabe abzulösen. Die hiesige Gemeindeverwaltung hat
nun Beschluß gefaßt, das vom k Ökonomirat Waldraff 25 M
Ablösung bezahle betreffendes Grundstück abgelöst sei.
Benannte Summa mit 25 Mark wird angelegt und dem ? Kapital
vereinigt werden, der Zins würde die Ausgabe deken.
Lutzenberger Bürgermeister*

*an die Gem.Verwaltung Wiedergeltingen zur Vorlage des
betreffenden Gemeindeausschlusses in beglaubigter Abschrift und
anherleitung der notwendigen Belegs, aus deme entnommen werden
kann, daß das fragliche Reichnus zur Armenkasse Wiedergelingen
zu leisten ist.
Mindelheim, den 18. Juli 1902
k. Bezirksamt*

Attest

Betreff: Ablösung eines „Kürchbrodes" zur Armenkasse
Wiedergelting

Auf Grund der Rechnungen der Armenkasse Wiedergeltingen
bestätigt der unterfertigte Vorstand der Lokalarmenpflege daselbst,
daß von der PlansNr 1567 der Amberger Gemeindefelder an die
hiesige Armenkasse unter dem titl. „Kirchbrod" jährlich 96 Pfennig
(sechsundneunzig Pfg.) baar bezahlt wurden, soweit sich die
Rechnungen zurückverfolgen lassen und jetzt noch bezahlt werden.

Wiedergeltingen den 21. Juli 1902
der Vorstand der Armenpflege
(unleserliche Unterschrift)

Aus den Revisionsberichten

Jährlich musste der Gutsverwalter von Ostettringen und Piestern der gräflich Rechbergsche Zentralverwaltung in Donzdorf einen Rechenschaftsbericht vorlegen, welcher dann übrprüft wurde. Aus Anmerkungen zu diesen Revisionen, die teilweise vorliegen, werden hier einige interessante Details wieder gegeben:

Revisions-Bemerkungen zur Rechnung der Gräfl. von Rechberg'schen Ökonomie Ostettringen für 1892/93

Unterm 18. März 1892 ist ein Schwein mit 240 Pfund an Ulzhöfer in Schwabmünchen als um 88,80 Mark *verkauft* ...Damit kostete damals das Pfund Schweinefleisch beim Bauern 0,37 Mark.

Hier sind für 8 Kühe durchschnittlich pro Stück und Tag 7 Liter Milch angenommen, welchers 20440 l/ Jahr ergibt.
Der Preisansatz, der in die Haushaltung verwendeten Milch ist zu 7 Pfennig pro l doch zu nieder, nachdem man für die verkaufte Milch 9 Pfennig und darüber erhalten hat. Heute gibt eine Hochleistungskuh täglich durchschnittlich 27 L, also ca. 10.000 l pro Jahr. Heute bekommt der Bauer für einen Liter Milche ca. 41 – 45 Cent.

Hier ist angegeben, daß zu den vom Vorjahr [1891/92] *übernommenen 25,96 Hl* [Hektoliter] *Trinkbranntwein noch 50,35 Hl absol Alkohol zu Trinkbranntwein verwendet wurden und aus letzterem* 113,20 Hl *erzeugt worden sind. 139,16 eine Waare von durchschnittlich 45% auf welche ein Aufguß von 14,27 Hl Wasser kam*
Bemerkung hierzu: *Der Aufguß von 14,21 Hl. scheint hoch gegriffen zu sein, allein der Trinkbranntwein hat auch nur 40 – 42 % und darunter....*

*Nach der Ausgabe auf **Torfstich** sind pro 1892/93 16.000 Stück Torf gestochen worden, die der Piesternhof bekam. Nun sind aber unter Einnahmen, außer vorstehende 16000 Stück noch weitere 3500 Stück durchlaufend verrechnet, welche der Ostettringer Haushalt verwendet haben will. Letztere sind wohl von der Brennerei ...*

Die Bilanz ist richtig gezogen und ergibt ein Deficit von M 2934,56

Somit zählt das Verwaltungsjahr 1892/93 zu den ungünstigen
Die einzelnen Verwaltungszweige ergeben folgende Resultate:
a Brauerei einen Überschuss vom   M 2650,99
b Forsten dergl.   M 1678,28
c Torfstich dergl.   <u>M   35,20</u>
                zus.   M 4364,47
DasDeficit für die Ökonomie sammt Brennerei   M 7299,01

Die Getreideernte mit Ausnahme bei Raps sowie die Futterernte ist als „gut" zu verzeichnen, dagegen die Futterverwertung war durch die wiederholt auftretende **Klauenseuche** *sehr beeinträchtigt.*
Nach dem Mastregister wurde von den Mastochsen nur ein Futtergeld von 71,5 Pfennig pro Stück und Tag erzielt. Wenn aber auch die geringe Rapsernte und die ungünstige Futterverwertung wesentlich auf die Ertragsberechnung fürdie Ökonomie einwirken so ist eigentlich immer noch nicht genügend nachgewiesen, wo das retl. Deficit bezw. ein Nichtertrag seine Ursache hat.
Vergleicht man die Rechnungsergebnisse der letzten 7 Jahre von Ostettringen mit denjenigen des Piesterhofes, so ergibt sich für Ostettringen ein durchschnittliches Deficit von rund M 700.- während der Piesterhof einen durchschnittlichen Ertrag von 1420 M liefert. Drastischer ist das Resultat eines Vergleiches der letzten 3 Jahre, nach welchem Ostettringen ein Deficit von M 4636 pro Jahr und der Piesternhof einen Ertrag von M 1975 pro Jahr entziffert.

Auszug aus den Revisions-Bemerkungen zur Rechnung der Gräfl.
von Rechberg'schen Ökonomie **Piestern** *für 1892/93*

An Wirt Fischer in Lamerdingen wurden am 14. September 1892
750 Pfund Vesen zu 60.- M abgegeben.

..., daß im Natuarlregister von Ostettringen diese 2,16 Ctr. als
wertlos bezeichnet sind, während sie in den Naturalbilanzen von
Piestern zu 10 M und in derjenigen von Ostettringen zu 20 M
angeschlagen sind. Hierzu ist anzumerken: *Richtig ist, daß diese*
Grassamen aus dem Wintergetreide mit geputzt wurden, sehr
unrein waren und den Kleegrassämmereien versuchsweise
beigemengt wurden. Nur ein kleiner Teil dieser Sämmereien ist
keimfähig, weshalb solche als wertlos bezeichnet, aufgeführt wurden.

... daß auch der Piesternhof eine gute Ernte sowohl an Getreide als
auch an Futter hatte. Insbesondere ist bei Gerste und Haber ein sehr
gutes Durchschnittsergebnis zu verzeichnen.
Auch war die Futterverwertung nun besser als wie in Ostettringen.
Nach dem Mastregister haben die dortigen Mastochsen ein
Futtergeld von M 1,04 geliefert.

Auszug aus den Revisions-Bemerkungen zur Rechnung der Gräfl. von Rechberg'schen Ökonomie Piestern für 1892/93

An Wirt Fischer in Lamerdingen wurden am 14. September 1892 - 750 Pfund Vesen[12] zu 60.- M abgegeben

..., daß diese Grassamen aus dem Wintergetreide mit geputzt wurden, sehr unrein waren und den Kleegrassämmereien versuchsweise beigemengt wurden. Nur ein kleiner Teil dieser Sämmereien ist keimfähig, weshalb solche als wertlos bezeichnet, ...

Die Beilage ist richtig gezogen und entziffert einen Ertrag von M 1728,98 ..., daß auch der Piesternhof eine gute Ernte sowohl an Getreide als auch an Futter hatte. Insbesondere ist bei Gerste und Haber ein sehr gutes Durchschnittsergebnis zu verzeichnen. Auch war die Futterverwertung nun besser als wie in Ostettringen. Nach dem Mastregister haben die dortigen Mastochsen ein Futtergeld von M 1,04 geliefert.

---

[12] Vesen = Fesen, eine Weichweizenart

Revisions-Bemerkungen zu Rechnung der Gräfl Rechberg'schen Ökonomie Ostettringen für 1893/94

Die Ökonomie Piesterhof hat für 2,45 Ctr. Hopfenklee à M 32.- den Betrag von 78,40 M bezahlt.

J. Spiegler in Türkheim zahlt Futtergeld für 1 Kuh (100 Tage a 80 Pfennig) M 80.-

Der Kleinverkauf an Branntwein ist im letzten Jahre wiederum zurück gegangen nemlich

pro 1892/93 gelangten en detail zum Verkauf	111,23 Hl
pro 1893/94	81,45 Hl
schon weniger um	29,78 Hl
= 1/4tel	

Bemerkung hierzu: Der Branntweinconsums ist infolge des hohen Preises und des größeren Verbrauches von braunem Bier allgemein zurück gegangen. Der Verkauf von Milch an die Käsereien trägt ebenfalls hiezu bei, welcher vielfach leider in Bier umgewandelt wird.

Der Mäherlohn für 3,10 Tagwerk à M 2,20 beträgt M 6,60.

Von den 3,10 Tagw. Wicken wurden 10 Dezimal grün für Kühe eingebracht.

Die Quittungen für 3 Retourbilette Türkheim-Füssen a M: 7,30 betragen M 21,90.

Die hier verrechneten M 17.- für eine Federmatraze ......

Über die an die Magdeburger Feuerversicherungs Gesellschaft bezahlten Prämien für 45 Kalben und 1 Stier pro 1. Januar 1894/ 95 im Betrag von M 18,40...

Der Lohn des Maurers Fickler beträgt auf 6 ¾ Tage a M 2,50 – M 16,88.

An Beiträgen zur Krankenversicherung für die Tagelöhner wurden vom 8. Oktober – 4. Nov. 1893 bezahlt M 8,88.

Das Jahr 1893/94 ergibt einen Ertrag von M 3194,58; auf die einzelnen Verwaltungszweige berechnet, entziffert sich folgendes Resultat
a die verpachtete Brauerei mit Schenke

ein Nettoüberschuß von		M 3321,77
b die Forsten desgleichen		1179,23
c der Torfstich desgl.		<u>64,00</u>
	Zusammen	M 4565
allgemeine Ausgaben		<u>M 3194,58</u>

entziffert das Resultat für die Ökonomie, d.i. ein Deficit von
M 1370,42

Die Getreideernte 1893 war mit Ausnahme bei Raps sehr gut; auch der Strohertrag ein günstiger; dagegen die Futterernte nur unter Mittel [unterm Durchschnitt], besser die Futterverwertung. Der Rapsbau hat sich in den letzten Jahren nicht rentiert.
Das Resultat der Brennerei ist ein ungünstiges gewesen. Die allgemeinen Ausgaben sind im Durchschnitt von der gleichen Höhe wie im Vorjahr nur auf die Ergänzung des Inventars wurde sowohl für die Ökonomie durch Anschaffung einer neuen Mähmaschine als auch für die Brennerei durch Aufstellung eines neuen Brennapparates bedeutend mehr verausgabt was den Ertrag der Ökonomie beeinflußt.

Die Lieferung pro 1892/93 an die Gräfl. Centragkassa berechnet sich wie folgt:

Ertrag von Otettringen		M 3194,58
bezgl. Piestern		<u>2504,62</u>
	zus.	M 5699,20

ab

Vermehrung des BrennereiInventars	*M 3452,27*
Vermehrung des Ökonomie Inventars von dem Piester=	
hof in Folge Neu-Aufnahme	*M 342,74*
	M 3795,01
verblieben	*M 1904,19*

welcher Betragdie Lieferung an die Central kassa bildet.

Revisions-Bemerkungen zur Rechnung der Gräfl. Rechberg'schen Ökonomie Piesternhof für 1893/94

Das Futtergeld von Blochum [Metzgerei] *in Ettringen für eine Kuh mit 31 M ...*

Schafweidepächter Vogg von Burgau hat für abgegebene 5 Ctr. Viehsalz a M 2,90 den Betrag von M 14,50 ersetzt ...Derselbe hat ferner an Krankengeld für seinen Schäfer auf 23 Wochen a 15 Pfennig den Betrag von M 3,45 ersetzt.

Käppeler u. Genossen wurden beim Einfahren des Getreides von Vorm[ittag] *10 – 11 bis Abends je 1 M 72 Pfg. hiefür bezahlt. Der ortsübliche Tageslohn beträgt in der Ernte M 2,50 – 3.00, wobei der Arbeiter in der Regel die volle Beköstigung bekommt.*

Die Ökonomie Ostettringen wurden für 2,45 Ctr. Hopfenklee – M: 80,85 bezahlt.

Von M. Rößle aus Schwabeck wurde der Ochs im Gewicht von 1250 Pfund a M 30.- erkauft; es würde sich, wenn sowohl Gewicht als Einheitspreis richtig sind, der Kaufpreis somit auf M 375 stellen. ;

Nach der Beilage wurden im Ganzen an Beiträgen für die Krankenversicherung für die Dienstboten bezahlt M 72,57;

Auch auf dem Piesternhof war die 1893er Ernte mit Ausnahme des Raps sehr gut, besonders haben Haber und Gerste einen hohen Ertrag geliefert. Die Futterernte war ebenfalls über mittel; die Futterverwertung bei den Ochsen gut.

Bemerkungen zur Rechnung der Gräfl. Rechberg: Ökonomie Piesternhof für 1895/96

Die Summe der Aktiv-Ausstände am Schlusse des Rechnungsjahres wird gebildet aus älterem Ausstand bei Holdenried, Schwabmünchen

	M	947. 93
und neuen Ausständen v. 1895/96	M	84. 28
	M	1032. 21

und zwar bei

Käppeler, Amberg	M	21. 90
Mayer Lamerdingen	M	36, 48
Dietrich, Amberg	M	2. 40
Hefele Amberg	M	2. 80
Schmid Amberg	M	2. –
Aschner Amberg	M	4. 40
Schorer Amberg„	M	1. 50
Wachtler Amberg	M	3. 20
Leuchtle Amberg„	M	6. 70
Buger, Wilhelmshöhe	M	2. 90
wieder	M	84. 28

Die neueren Ausstände sind nach den Bedingungen Reisigversteigerung vom 6. November 1895 befristet bis 1. Oktober 1896.

Ist es denkbar, daß 3 Kühe im Jahr blos 6500 Liter Milch geben, also auf eine Kuh 1300 Lita oder durchschnittlich im Tage nur stark 3 ½ Lita kommen? ....
Übrigens ist der DurchschnittsErtrag mit 1300 Ltr. = 130 Ma pro Stück nicht viel zu gering angenommen, weil die Laktationsperiode ungemein verschieden bei den einzelnen Tieren ist; zudem auch das Kalb zu seiner Ernährung bis zum Verkauf die Milch während der Wochen in Anspruch nimmt. Hiedurch fällt die Milch ca. 2 Monate ganz aus.

Der Knecht Jos. Mick hätte für Lichtmeß 1895/96 einen Jahreslohn
erhalten v. M 230.- *Bis 1. August also für 6 Monate berechnet sich*
dieser Lohn auf M 115.- erhalten hat Mick blos M 45. –
Erschien es wirklich gerechtfertigt, demselben wegen eigenmächtigen
Austritts im August M 70.- *also des Betreffens von mehr als*
3 ½ Monaten in Abzug zu bringen?

Rechtfertigungsgrund: *Josef Mick hat allen Vorstellungen*
entgegen den Dienst verlassen, ohne einen Ersatzmann, wie verlangt
wurde, zu stellen. Es wurde ihm ausdrücklich eröffnet, daß er bei
eigenmächtigem Verlassen des Dienstes seines Lohnesguthabens
verlustig gehe, weil es zu dieser Zeit sehr schwierig ist, Dientsboten
zu bekommen und diese dann noch höhere Löhne verlangen.

Ertragsberechnung

Soll der laufenden Einnahmen	M 37364. 51
Mehrung des stehenden Kapitals	
(M: 24986.65 gegen M: 21951.45	M 3035. 20
	M 40399. 71
Soll der laufenden Ausgaben	M 36788. 03
Minderung des Betriebskapitals	
(M 1765. 20 gegen M 2131. 35)	M 366. 15
	M 37154. 18
Rest Ertrag	M 3245. 53

Der heurige Ertrag übertrifft den Durchschniitts Ertrag der letzten
9 Jahre mit M 1399. 57 um M 1845. 96
Piesterhof für 1898/99

Die Aktiv-Ausstände am Schlusse des Rechnungsjahres sind
ausschließlich aus dem Betriebsjahre 1898/99
Im Einzelnen setzen sie sich wie folgt zusammen:
Erlös aus Gerste u. Hafer M 56,44
Verkauf Februar – März 1899
Erlös aus Kartoffeln

Verkauf Mai 1899 R.S. 22	*21*
Erlös aus Holz	*236,20*
Verkaufzeit 5 Dezember 1898	
befristet bis 1. Oktober 1899	_____
	M 313,64

Soll der laufenden Einnahmen:

	M 27960,45
Mehrung des stehenden Kapitals	
(M 21537,65 gegen M 20442,35 =	*1095,30*
Mehrung des BetriebsKapitals	
(M 2448,75 gegen M 1845,30)	*603,45*
	M 29659,20
Soll der laufenden	
Ausgaben	*M 29622,36*
Ertrag pro 1898/99	*M 36,84*

Revisions-Bemerkungen zur Rechnung der Gräfl. Rechberg'schen
Ökonomie Ostettringen
für 1895/96

Zur Ertragsberechnung ist noch zu bemerken
Abmangel bei Ertragsberechnung	*M 911,94*
hiezu Ertrag aus Forsten	*1388,49*
Ertrag der Brauerei	*2790,26*
Eigentliches Deficit der Landwirtschaft	
samt Brauerei	*M 5090,69*

Steuern und Verwaltungskosten sind noch zu berücksichtigen.

Das Ernte Ergebnis des Jahres 1895 war durchschnittlich ein sehr
geringes

Revisions-Bemerkungen Rechnung der Gräfl. Rechberg Ökonomie
Piesternhof für 1894/95

Unter den an Zimmermann Steinle in Amberg und August Rauch
in Türkheim bezahlten M 34,60 und bezw. M 8,50 sind
Baurepüraturkosten begriffen,

Wen möglich sollten die in Sachen Alberstedter in Amberg
entstandenen Kosten zum Ersatz gebracht werden. Antwort: *Nach*
Angabe des Gerichtsvollziehers Schmid
in Türkheim soll sich bei Alberstedter nichts
pfändbares vorfinden

Ertrag

Soll der laufenden Einnahmen	M 31962,29
Mehrung des stehenden Kapitals	
M 21951,45 gegen M 18832,95	M 3118,50
	M 35080,79
Soll der laufenden Ausgaben	M 32344,27
Minderung des Betriebskapitals	
(M 2131,35 gegen M 4732,20)	M 2600,85
	M 34945,12
Rest	M 135,67

gegen dem Ergebnis der Bilanz.

Der Betrag erscheint als ein außerordentlich geringer und bleibt
gegenüber dem Durchschnittsertrag der letzten 8 Jahre mit M
1557,56 um M 1421,89 zurück, obwohl die Ernte eigentlich nur
hinsichtlich der Gerste und Kartoffel wenigstens dem Vorjahre
gegenüber geringes, hinsichtlich des Rapses aber ein bedeutend
höheres Ergebnis ausweist. Freilich waren die Getreidepreise
durchschnittlich sehr niedrige und die Arbeitslöhne um etwa 400.-
höhe als 1893/94, wogegen an Steuern und Umlagen etwas M 600.-

weniger erforderlich waren   (Im Jahre 1893/94 sind nemlich M 700.- Entschädigung nach Amberg bezahlt worden)

Revisions-Bemerkungen zur Rechnung der Gräfl. Rechberg Ökonomie Ostettringen für 1894/95

Schuldigkeit des Müllers von Rielhofen an Futtergeld für 12. – 18. September mit M 5,oo

Unter den hier verrechntetn M 6,40 sind M 4,oo für Untersuchung des Blitzableiters begriffen.

… ist bemerkt,daß von den bei Anton Eschenloher in Ettringen gekauften 20 Pfund Rindfleisch Piestern 10 Pfund erhalten habe.

Materialienrechung der Brauerei; An Private ist der Ctr. –Kohlen um M 1,08 verkauft worden. ....Die Kosten wurden nur aus Gefälligkeit an Bahnbedienstete in Westerringen abgegeben. Den Ankaufspreis der Kohlen inc. Bahnfracht stellt sich auf rund M 1,05 p. Ctr.

Revisions-Bemerkungen zur Rechnung der gräfl. Rechberg.
Ökonomie Ostettringen
für 1896/97

Dem Lutzenberger in Schnerzhofen sind als Schafweidegeld für je 1 Stück M 2,00 angerechnet worden, während der Berechnung der Schuldigkeit der Domänen-Inspection Ramsberg ein Einheitssatz von M 2,50 zu Grunde liegt. In beiden Fällen handelt es sich um Sommerweiden.

Soll der laufenden Einnahmen	*M 117003,43*
Soll der llufenden Ausgaben	*M 113644,71*
zu:	
Minderung des stehenden Kapitals	
(M: 77673 gegen M: 81563m70)	*M 3890,33*
Minderung des Betriebs Kapitals	
(122529,40 M gegenM: 13585,03)	*M 1055,83*
	M 118590,67
Deficit	*M 1587,24*

Revisionsbemerkungen zur Rechnung der Gräfl. Rechberg.
Ökonomie Piesterhof
für 1896/97

Ertragsberechnung

Soll der laufenden Einnahmen	*M 44200,68*
Mehrung des Betriebskapitals	
(M 1902 – gegen M 1765,20)	*M 136,80*
	M 44337,48

Soll der laufenden Ausgaben	*M 36538,76*
Minderung des stehenden Kapitals	
(17272,85 M geg. M 24986) M 7713,80	*M 44252,56*
Rest Ertrag	*M 84,92*

Revisions-Bemerkungen zu Rechnung der gräfl. Rechberg'schen Ökonomie Ostettringen
für 1897/98

Die Aktivausstände am Schlusse des Rechnungsjahres sind ausschließlich aus dem Betriebsjahre 1897/98.
Im Einzelnen stellen sie sich wie folgt zusammen:
Erlös aus Getreide: *M: 99,92*
Verkauf: Ende Septbr. 1897 bezw. in
den Monaten Februar, März u. Mai 1898
Erlös aus Branntwein   *M: 617,17*
Verkaufszeit
vor d. 28. Febr. 1898   *M: 398,20*
nach d 28. Feb. 1898   *M: 218,97*
                M: 617,17
Erlös aus Holz: *M: 2641.27*
befristet bis 1. Oktober 1898
Verkaufstag 18 Dezember 1897   _____

                M 3358,36

... für die von Rechenmacher Franz Reiter verfertigten 6 neuen Rechen ...

J. Blochum in Ettringen hat auf Ostern 1897 für den Haushalt Ostettringen und Piestern für M: 25,65 Fleisch (Ochsenfleisch u. Voressen) geliefert.

Bei einem Einheitssatze von 95 [Pfennig] für 1 Pfund Butter ...

Ertragsberechnung
Soll der laufenden Einnahmen   *M 129319,56*
Zu:Conto-Correntzins bei Württbg.Vereinsbank
aus Grundstockgeldern der Brauerei   *M   246,93*
            zus.   *M 129566,49*

Mehrung des Stehenden Kapitals
(M:82 352,02 gegen M 77673,37)   <u>M 4678,65</u>

S^a M 134245,14

Soll der laufenden Ausgaben   M 131042,02
Minderung des Betriebskapitals
/M 10801,23 gegen   M: 12429,40
                          M 1728,17

                          <u>M: 132770,19</u>
Rest-Ertrag   M: 1474.95

Revisions-Bemerkungen zur Rechnungdes Gräfl. Rechberg'schen Ökonomie Piesterhof
für 1897/98

Rechnungsjahres sind ausschließlich aus dem Betriebsjahr 1897/98
Im Einzelnen setzen sie sich wie folgt zusammen:

Erlös aus Gerste u Hafer	*M 199,53*
Verkauf März u. Mai 1898	
Erlös aus Holz	*M 203,60*
Verkaufszeit 4. Januar 1898	
Befristet bis 1 Oktober 1898	——————————
	M 403,13

Ertragsberechnung:

Soll der laufenden Einnahmen		*M 24307,79*
Mehrung des Stehenden		
Kapitals	*M 20442,35*	
gegen	*M 17272,85*	*M 3169,50*
	Su[Summa]	*M 27477,29*

Soll der laufenden Ausgaben	*M 28740,77*
Minderung des BetriebsKapitals	
M: 1902 – gegen M 1845,30	*M.. 56,70*
	M 28797,47

Deficit   M 1320,18

Revisions-Bemerkungen zur Rechnung der gräfl. Rechberg'schen Ökonomie Ostettringen für 1898/99

Erlös aus Getreide:	*M 223,25*
/:Verkauf in den Monaten März, April u Mai 1899 :/	
Erlös aus Heu, Öhma, Stroh, .	*M 59*
/: Verk. Juni u. Oktober 1898 :/	
	M 282,25
Erlös aus Branntwein	*m 563,44*
Verkaufszeit vor d. 28. Febr. 1899 M 233,56	
nach d. 28 „ „ M 329,88	
M 563,44	
Erlös aus Holz	*M 1702,55*
Verkaufstag 21 Dezbr. 1898	
Befristet bis 1 Oktober 1899	
Sᵃ[Summe]	*M 2548,24*

M. Döring kaufte am 13. Mai 1898 den Ochs / im Gewicht von 12,70 Etr [Zentner] a M: 34 – zu einem Preis von M: 435.20

Brauereipächter Staimer bezog vom 1. März bis 16. April pro Tag 4 Ltr. Milch, also bei zus. 47 Tagen = 188 ltr

An die Knechte sind für Arbeit am Feiertag Peter + Paul M 7,60 ausbezahlt worden.

Soll der laufenden Einnahmen
R.S. 137   M 123446,42
Zu: Contocorrentzins bei Württbg.
Vereinsbank aus Grundstockgeldern
der Brauerei   283,31
M 123729,73
Mehrung des stehenden Kap.

M: 82441,86 geg M: 82353,02   89,84
Mehrung des Betriebskap
M 12193,88 geg. M: 10801,23   1392,65
                                       M 125212,22

Soll der laufenden Ausgaben
R.S 420   M: 128988,68

Deficit pro 1898/99   M 3776.46

Revisions – Bemerkungen zur Rechnung der Gräfl Oekonomie Ostettringen für 1900/01

Von den Aktiv Ausständen am Schlusse des Rechnungsjahres rühren her:

aus dem Betriebsjahr	*1897/98 für Holz*	*M 10,80*
	1898/99 für Branntwein	*M 34,56*
	1899/1900 für Holz	*M 15,20*
	1899/1900 f- Branntwein	*M 47,20*
	1900/01 f. Branntwein	*M 2649,10*

wieder   *M: 2756,86*

Die Rückstände aus 1900/01 entziffern sich wie folgt:

Erlös aus Branntwein		*M 1008,88*
Verkaufszeit vor 28.II.01	*M 347,12*	
nach	*M 661,76*	
wieder	*M 1008,88*	
Erlös aus Holz		
für Brenn= u. Nutzholz		*M 1640,22*
Versfs.Tage 4. Dezember 1900 – 15. April 1901		
Befristet bis 1. Oktober 1901		
wieder		*M 2649,14*

Laut quittierter Rechnung der chemischen Fabrik Otto Bärlocher u Postaufgabeschein vom 27. September 1900 sind für 100 Ztr. Knochenmahl-Superphosphat a M 9,50 für 100 kg richtig M 475,00 bezahlt worden

1899 ist an Mühlebesitzer Leonhard Fackler in Ettringen das angefallene Fichten=Säg=u.Bauholz nämlich:86 Stück Sägbäume mit 26,85 cbm [Kubikmeter] 9 Stück Bauhlzer mit 2, 63 cbm verkauf...

Ertragsberechnung
Soll der laufenden Einnahmen   M 82444,61
zu C.C.zins bei Württbrg Vereinsbk:
aus Grundstockgeldern der Brauerei   362,13
Mehrung der steh. Kap:
/:M 79915,66 geg. M 73751, 85 :/   M: 6163,81
Mehrung des BetriebsKap:
/:M 13150,-geg: M12598,78:/   551,22

                zus.   M 89521,77
Soll der laufenden Ausgaben   M 87192,20

         Ertrag auf 28.II.01   M 2329,57

Revisions-Bemerkungen zur Rechnung der Gräfl. Oekonomie Piesternhof für 1900/01

Karl Löffler ist mit Hinterlassung verschiedener Schulden nach vorherigem Verkaufe seiner Mobilien abgezogen Soll jetzt ohne Pfändbares in oder bei Kaufbeuren leben.lt. Nachricht des Bürgermeisteramtes

Die Summer der Taglöhne für die Zeit vom 18. – 23. Juni 1900 beträgt richtig M 10248!

Soll der lfd Einnahmen   *M 28508,13*
Mehrung des steh. Kap:
/: M 17916 gegen M 1791,80   *M 424,20*
            zus.   *M 28932,33*
Soll der lfd Ausgaben: *M 27660,76*
Mind. des Beh. Kap.
/: M 1616,10 gegen M 2216,10 :/ 28260,76

Ertrag auf 28. II. 1901   *M 671,87*

Am 28ten September 1862 hat Herr Gutsverwalter von Ostettringen folgende Inventur Gegenstände eingesteigert

	fl	xr
1 FuhrWage	1	54
4 Schubkarren	2	-
1 Kalbl.	~~53~~	
für Blesung	53 fl	30 xr
Dungwagen I	60	
[Dungwagen II]	54 fl	23 xr
Dungwagen III von Spöttl	47	30
…		
Stangenwagen	40	-
Heyleiter	1	18
detto	1	30
Schlitten	3	42
Halfter	2	27
Reitzaum	~~2~~	~~18~~
10 Zt.[Zentner] Stroh		
½ Schäffl Erbsen	6	18
1 Schwein	18	30

Die Begradigung der Wertach um 1870 machte es sinnvoll, Flächen an der Wertach zwischen Ostettringen und Siebnach zu tauschen.

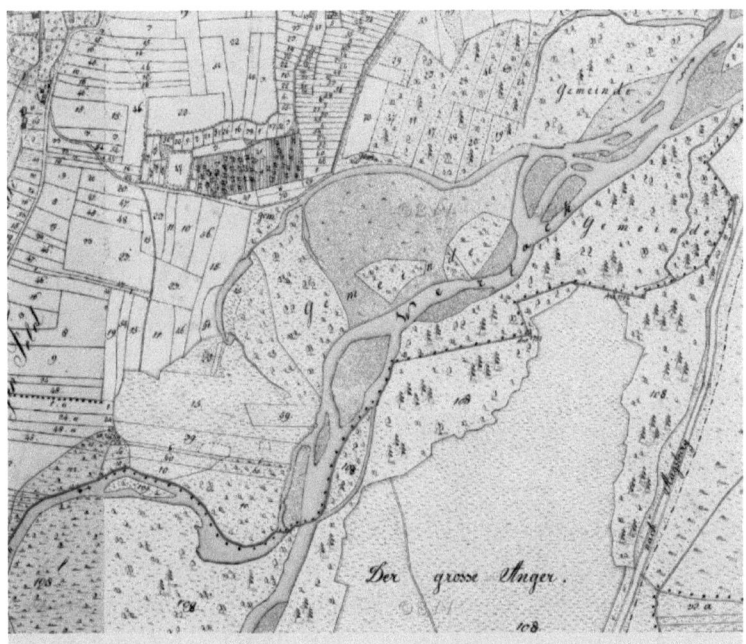

Die Flächen 108 gehörten zu Ostettringen. Nach der Wertach= korrektion lagen einige Flächen 108 (hier links unten) westliche der Wertach und Flächen der Gemeinde Siebach (hier rechts oben, bezeichnet mit „Gemeinde") östlich der Wertach.
(Bayerische VermessensVerwaltung)

Tauschvertrag
zu 110 fl

Heute den achtzehnten April eintausendachthundertdreiund-
siebenzig sind vor mir Johann Baptist Grimm, kgl. Notar zu
Türkheim, auf meiner Amtskanzlei dahier erschienen:
1) Der gräflich von Rechbergsche Gutsverwalter Herr August
Waldraff zu Ostettringen und
2) der Oekonom und derzeitige Bürgermeister Casimir Huber
zu Siebnach wohnhaft
.....
Dieselben ersuchten mich um Beurkundung des nachstehenden
Tauschvertrages:

I
Herr August Waldraff vertauscht hiemit unter Uebergabe einer
Vollmachtsurkunde de dato Donzdorf den einunddreißigsten
Dezember vorigen Jahres Namens Seiner Erlaucht des Grafen Herrn
Albert von Rechberg-Rothenloewen zu Donzdorf, die nachstehenden,
in der Steuergemeinde Ettringen, königl. Landgerichts und
Rentamtsbezirkes Türkheim, liegenden Objekte ....: zu Eigenthum
an die Gemeinde Siebnach, Besitzerin von Haus=Nummer 64 zu
Siebnach, und erhält dagegen von der letztern von den in der
Steuergemeinde Siebnach kgl. Landgerichts und RentamtsBezirkes
Türkheim liegenden Objekten ....

August Waldraff
Gräflich Rechber'scher Verwalter
Huber Bürgermeister
L.S. Grimm
    kgl. Notar

Ich Albert Graf von Rechberg u. Rothenloewen ertheile hiemit
meinem Verwalter Waldraff zu Ost-Ettringen Vollmacht zur

Berichtigung und gerichtlichen Verbriefung der Grenzen zwischen Ost-Ettringen und der Gemeinde Siebnach welche in Folge der Correction der Wertach eine Änderung erlitten haben, und genehmige im Voraus Alles, was genannter Verwalter in dieser Sache vornehmen wird.

Donzdorf den 31 Dezember 1872
Albert Grf Rechberg
Vollmacht

Die unterfertigte Gemeindeverwaltung bevollmächtigte den Bürgermeister Huber, alle Objekte die in den Schutzstreife der Wertach Correktion fallen und ueberhaupt alle Pl:Nor: wie sie heisen über der Wertach zu vergleichen zu verkaufen und zu kaufen zu verbriefen und alles zu thun was ein in der Sachs als nothwendig erscheint.

Die Gemeindeverwaltung
Siebnach den L.S.   *Kramer Beigeordneter*
17. April 1873   *Martin Hörberger*
                  Franz Jos. Filser
                  Joseph Bertele
                  Peter Wunderl
                  Alois Kleber

Türkheim den 3ten Juni 1861

Fischer Jos. u. Gen.
gräfl. Rechbergsche Gutsverwaltung
wegen Freiheit des Eigenthums

Heute finden sich ein,
1. *Der Bauer Joseph Fischer*
2. *der Söldner Johann Geisenberger*
3. *Bauer Franz Miller*
4. *Rasso Zech, Bauer*
5. *Söldner Anton Doll und*
6. *Söldner Joseph Götzfried*
   sämmtliche von Ettringen und bringen an:
Wir 6 Eingefundne und auch weitere etwa ½ Hundert
Gemeindeglieder von Ettringen besitzen von Ettringen ab gegen
Lamerdingen zu , Wiesen von denen die erste Lage Moostheil,die
zweite Lage Haustheils und die dritte Lage Bergtheil genannt wird.
Über und durch unsere Wiesen haben von jeher diejenigen, welche in
besagter Richtung Grundstücke besitzen das Fahrtrecht von und zu
ihren Gründen ausgeübt. Außer diesen in besagter Weise
Betheiligten, hat Niemand ein Recht, darüber zu fahren oder Vieh
und insbesondere Schafe dahin
zu treiben! In der That ist auch außer den Betheiligten nie Jemand
mit einem Fuhrwerke oder überhaupt beladenen Wagen darüber zu
fahren, noch ist jemals der Schaftrieb darüberhin ausgeübt worden.
Der fragliche Weg ist auch im Gemeindeplan vom Orte Ettringen ab
eine Strecke weit nur als Feldweg, weiter hinab aber gar nur als
Fussweg bezeichnet. Nichts destoweniger läßt sich die gegenwärtige
gräfl. GutshHerrschaft beikennen (?), dem Schaftrieb vom gräfl.
Gute aus über die ganzen oben angedeuteten Weg:
oder Längenfläche auf die Lamerdinger Flur hin, in welchen
dieselben ebenso, wie in der

angrenzenden Amberger und Buchloer Flur Wies=Gründe angekauft hat, auszuüben. Hiedurch geht jedem von uns und den übrigen Angrenzern ein höchst trächtlicher Schaden zu welchen nach Maaßgabe dem be?ten Flächengrößen bis zu jährlich 30, 40, ja 50 fl für einen einzigen Besitzer ausmachen kann.

Wir bitten nun nach verhandelter Sache auszusprechen, die gräfl. Gutsherrschaft habe den Schaftrieb in den bemerkten Wiesen fortan gänzlich zu unterlassen und alle Kosten des Streites zu tragen.

Nachdem zur Feststellung dem nötigen Klagmomente die Vornahme eines Informationsaugenscheines nach GV.Smlg. cap XII § 3 unerläßlich erscheint, so hat man dem Anwesenden eröffnet, daß sie zum obigen Zwecke übermorgen Mittags dem 5ten ds Mt. [des Monats] Mittags 1 ½ Uhr in Ost=Ettringen ein kgl. Gr. Commission einfinden, daß hiervon die gräfl. Gutsverwaltung genügent wurde verständigt von dem und daß es ihnen überlassen bleibe, das Miterscheinen allen weiters Tatherliegten am Termine allenfalls durch Vermittlung des Vorschlages selbst zu veranlassen.

Allerdings wurde die Anwesenden aufgefordert, dafür zu sorgen, daß der GR Commission der gemeindl. Steuer.... zu Gel? stehe, sowie daß insbesondere für den Fall das Prozeßfortgangs..ein Handriß über die ganze stendige Fläche übergeben werden könne.

/: Es folgen die Unterschriften :/

Schließlich haben Comparenten noch gebeten, es möchte doch an dem Vorsteher gleichem Gerichts wegen Auftrag erlassen werden:

a)   bei der großen Anzahl betheiligter Ge= meinde=Glieder selbst auch am Termin erscheinen und den Säumweglauf vorzulegen sowie

b)   alle übrigen in dieser Sache ortskundigMitbetheiligten nach thunlichkeit zu diesem Termin zu verschaffen beziehungsweise zu diesem Behufe verständigen zu lassen.

Namens der übrigen

Joseph Fischer

kgl. Ldgr. Comis. LS: Kuttler